河出文庫

お稲荷さんと霊能者

内藤憲吾

kawade bunko

河出書房新社

お稲荷さんと霊能者

◈

目次

お稲荷さんと霊能者

第1章　不思議な人に出会う

1　不思議な噂

よく当たる予言

一九八〇年代、私は東京で会社勤めをしていた。仕事は忙しかった。休暇はほとんど取れず、ストレスの多い日々を送っていた。しかしまだ三十代だったので、夏バテはしたものの、疲労しても回復は早かった。

確かな日付は忘れたが、一九八三（昭和五十八）年のことだった。親族のひとりが拙宅に遊びに来たことがあった。私は珍しく仕事を早く切り上げて帰宅し、話の相手をした。ほとんどが他愛もない世間話だったが、その中でひとつだけ私の興味を引いたエピソードがあった。

それは親族の子息が有名大学に合格した裏話だった。親族の子息は大学受験を控えてどの大学を受けようか迷っていた。学部も決めかねていた。子供が迷っているのを見て、母親は何とか力になりたいと思ったものの、残念なことに受験のことはまったく分からなかった。

そこで思いついたのが、「誰かに見てもらう」ことだった。近所の知人に事情を話し、誰かいい人を知らないかと尋ねると、知人は町内に「よく当たる人」がいると教えてくれた。母親の一家は転勤族で、引っ越してきて日が浅かったので町内の事情に疎《うと》かったのである。

母親は知人の紹介で、その人に会いに行った。すると相談を受けた「よく当たる人」は、即座に志望校と志望学部を選び、おまけにこれからどの学科を重点的に勉強すれば合格するかまで付け加えた。

母親は帰宅して、息子にそのことを伝えた。すると息子は指示された大学と学部を受けることに決め、助言された受験科目を重点的に勉強し始めた。その科目は息子が最も苦手としていた科目だった。その結果、息子は指示された大学に合格したのである。

私はこの話を聞いて、世の中にはよく当たる占い師がいるものだと感心したが、ある疑問が湧いてきた。占い師にしては何か変である。占い師はもっと漠然と答えるものではなかろうか。どの科目を重点的に勉強すればいいかなど、受験指導のプロ顔負けの専門的なことまでは言わないものだ。

疑問はさらに湧いてきた。「よく当たる人」と相談者は初対面であり、「よく当たる人」は子息には会ったことがなく、子息のことは何も知らなかったはずである。おまけに母親は息子の成績や苦手科目のことなどはまったく説明していなかった。それなのにどうして大学を選んだ上に勉強の仕方まで指示し、合否のことまで断言できたのだろうか？　私は訳が分からなかったが、世の中には面白い人がいるものだと思った。

病気診断

不思議な噂を耳にして一年ほどたった頃、私は再び「よく当たる人」の噂を耳にした。噂の出所はやはり一年前と同じ親族だった。今度は新生児の病気の状態を当てたというのである。

親族に孫が生まれたのだが、この子は生後すぐに医者から心臓に雑音が聞こえるので検査が必要だと言われた。検査を受けたところ心臓に小さな穴が開いていることが分かった。

子供の心臓に障害があると聞かされて心配になった母親と祖母は、再び「よく当たる人」に見てもらいに行った。すると「よく当たる人」は、子供の名前と生年月日の書かれた紙片を見て、「心臓に五円玉ぐらいの穴が開いており、将来手術が必要になるから注意していないといけない」と答えた。

母親と祖母は、医者がはっきり言わなかったことを「よく当たる人」が断言し、そのうえに穴の大きさまで当てたことに驚いた。

ちなみに新生児の心臓の症状は心室中隔欠損症《しんしつちゅうかくけっそんしょう》だった。これは新生児にときどき見られる症状で、穴は成長するにつれて自然に塞《ふさ》がってしまうこともある。スキーのモーグルのオリンピック選手だった上村愛子さんも生まれた時にこの症状だったが、上村さんの場合は自然に塞がった。

上村さんの症例で明らかなように、この症状は初診の時にすぐ手術が必要かどうか断言することはできない。医者が言わなかったのは当然である。なのに「よく当たる人」は即座にその必要性を断言したのである。

だが、そのこと以上に私が不思議に思ったのは、レントゲンなどの診断器具を何も使わず、ましてや医者でもない人が、なぜその場にいない新生児の体内の疾患を、名前と生年月日を聞いただけで正確に言い当てることができたのだろうかということだった。しかも将来手術をすることまではっきりと言ったのである。

この噂を聞いて、私は「よく当たる人」の正体がますます分からなくなってしまった。この人は将来のことが分かるだけではなく、肉眼では見えない人間の体内のことまで分かるのである。

私は世の中にはすごい人がいるものだと再び感心した。そして一度会ってみたくなった。しかしこの人は住まいが関西の地方都市だったので、東京からは日帰りではとても行けなかった。それに交通費も馬鹿にならなかったので行きそびれてしまった。

手術成功

再び噂を聞いてから四年がたった。将来心臓の手術が必要になると言われた幼児の母親は、その後、幼児の様子を注意深く見守っていたが、幼児が体をだるそうにすることに気づいた。いつになく心配になった母親はかかりつけの医師に相談したが、主治医ははっきりした指示をしなかった。

そこで母親は「よく当たる人」に相談に行った。すると「よく当たる人」はすぐに手術をしたほうがいいと勧めた。心臓が肥大し、穴から血がたくさん流れ出しているというのだ。手術をしないと早晩この子は死んでしまうと言った。

母親は手術のことが常に頭にあったので、いざという時に備えて病院の候補をいくつか選んでいた。そこでその場で持参していたリストを見せて、この中にいい病院はあるかと尋ねた。

大きな手術は失敗すれば命にかかわるので、患者としてはいい病院を選びたいが、いかんせん知識がない。母親は雑誌などで情報を集めて候補を選んでいたが、それでも不安だったので「よく当たる人」に相談したのだった。

すると「よく当たる人」はリストからすぐさまある病院を選んだ。母親がその病院に連絡すると、すぐに入院できると言われ、幼児は入院すると即座に手術を受けることができた。手術は十時間を超える大手術だったが成功した。

このように、入院から手術までことは非常にスムーズに運んだ。しかもこの病院を選んで助かったことがもうひとつあった。謝礼が不要だったのである。

今ではそのようなことはないのだろうが、当時は心臓の手術ともなると裏で多額の謝礼が必要だと言われていた。それを知った家族は謝礼を用意して持参していた。手術後、父親が執刀医に謝礼を差し出すと、執刀医はそれをきっぱり固辞した。結局「よく当たる人」は優れた良心的な医師のいる病院を選んでくれたのだった。

なお大学に受かった子息は、幼児の手術の翌年に大学院に進んだ。この時も進学や指導教官の選択で「よく当たる人」に相談したが、意外な教官を指示され、その教官について指導を受けると、すぐに研究者の職が見つかった。

私はこのような噂話を耳にするにつれて、「よく当たる人」にますます興味を抱くようになっていった。一度会ってみたいと思ったが、私自身はこれといって相談したい問題を抱えていなかった。

2　噂の主に会いに行く

初対面の印象

幼児の心臓の手術の噂を聞いてから半年ほどたった頃だった。私はある大きな仕事が動かなくなって困っていた。しかし打てる手は全て打っていたので、妙案はもう残っていなかった。

進退きわまった私は、久しぶりに「よく当たる人」のことを思い出した。こういう時にこそ会ってみるべきではなかろうか。そう思った私は休日を利用して関西の地方都市まで出かけて行った。親族に住所と地図を書いてもらい、予約も入れてもらった。面会時間は午前中だったので、近くの町で一泊して当日は早朝に訪ねて行った。

相談所のあるところは京都府北西部の福知山《ふくちやま》市で、ＪＲ福知山駅から歩いて十数分のところだった。目的地に着くと、そこは小さな神社だった。だが、なぜ神社の境内に相談所があるのかはまったく疑問に思わなかった。

神社の境内の拝殿の横に平屋の社務所があった。木造の古い建物だった。ここが「よく当たる人」のいる相談所だった。

玄関の戸を開けると、狭い土間にはたくさんの履物《はきもの》が乱雑に脱ぎ捨てられていた。早朝にもかかわらず、多くの人が詰めかけているようだった。靴を脱いで目の前の障子《しょうじ》を開けると、十畳ほどの和室があり、十数人が大きな座卓を囲んで座っていた。

私は黙礼して部屋に上がり、空いているスペースを選んで腰を下ろした。どうやらそこは待合室のようだった。

それから所在なく時は流れていった。時々隣室から襖《ふすま》越しに人声がもれてきた。

三十分ほどたった頃、突然襖戸《ふすまど》が開き、隣室から人がひとり出て来た。すると入れ替わるように待合室にいた他の人が入っていった。相談時間は意外と長く、待っているとしびれが切れてきた。人はなかなか減らず、午前中に自分の番が回って来るのだろうかと、いささか心配になった。

ところが、人の出入りが数回転した時、退室してきた人に続いて黒い羽織《はおり》に袴《はかま》姿の中年の女性が出て来た。その女性は私を見ると、「あんた、誰です」と言った。見かけない者がいたので、不審に思った様子だった。その声は力強く張りがあり、朗々としていた。このような声の主にはこれまでお目にかかったことがなかった。しかも眼光は鋭く、体全体に生気というか、野性味というか、気のようなものがみなぎっていた。

私は即座に、これは只者《ただもの》ではない、と感じた。この時は気圧《けお》されてしまったので、それ以上のことは考えている余裕がなかったが、後で昔の修業を積んで生死の境を潜り抜けてきた武芸者はこういう感じだったのではなかろうかと思った。いずれにしても、私が日ごろ接している人たちとはまったく異なる人種だった。

あっけない結論

私は紹介者である親族の名前と自分の名前を告げた。するとその女性は「ああ、東京から来た人ですか。予約の人は優先だから先に中に入りなさい」と言った。

部屋は待合室に比べると狭かった。正面に大きな神棚があり、その前に小さな座卓が置かれていた。女性は神棚を背に座卓の前で正座した。

私はあらかじめ親族に説明を受けていた通り、謝礼を包んだ封筒を神前に供えた。謝礼で不思議に思ったのは、額が決まっていないことだった。こういう場合、普通だと金額を指定されるものだが、いくらでもいいと言われたので、かえって戸惑ってしまい、結局小遣い銭から適当に少額を包んでしまった。それから座卓を挟んで女性の前に正座し、氏名と生年月日を記入した紙片を差し出し、相談内容を手短に述べた。

私の話を聞き終わると、女性はすぐに後ろを向いて神棚の前に体を移し、一礼してお祈りを始めた。そして何やら口の中でぶつぶつつぶやいていたが、「キー」という声を短く発すると、「ありがとうございました」と何度か礼を述べて頭を下げた。

女性は座卓に戻ると、「神様はうまくいくとおっしゃっています」といとも簡単に言った。その言葉を聞いて、私は面食らってしまった。「神様がおっしゃいましただって？　そんなアホな」。私は関西の田舎育ちなので、肝心な時になると関西弁もどきが出てしまうのである。

神様などいないと思っていた私は、神様という言葉がいきなり飛び出してきたことにまず驚いてしまったのだが、そのうえに神様が話すというのだから、それに輪をかけて驚いた。

一体この人は何者なのだ？　この時、初めて私はこの人は占い師ではないと感じた。占い師なら何か道具を使うかマニュアルをもとに占うものだが、この人はそのようなものは一切持ちあわせていなかったからだ。使ったものは氏名と生年月日の書かれた紙片だけだった。だが、なぜ紙片が必要なのだろうか？

いずれにしても、この人を何と呼んだらいいのか分からないので、今まで通り「よく当たる人」と呼ぶことにした。

結論を聞くとあとは話すことがなかったので、後ろがつかえていたこともあり、礼だけ述べるとそそくさと退室した。

これが長年気になっていた「よく当たる人」との初対面だった。まことにあっけないものだった。私は驚きはしたものの、半ば拍子抜けしてしまった。

JR福知山駅で電車を待っている間、時間潰しに喫茶店に入ってコーヒーを飲んでいると、多少落ち着きが戻ってきた。そこでさきほどの結論は信じていいものか、改めて考えてみた。

だが考えてみても分かりはしなかった。要するに信じるか信じないかだけのことだった。私はこれまで耳にした噂話から判断して、この人の言うことは信じられると思うようになっていたので、思い切って信じることにした。そこで、何とか仕事が動くような手をもう一度考えてみようと思った。

帰途の電車の中で長い間、無い知恵を振り絞っていると、ある案を思いついた。後日その案を実行してみるとかろうじて仕事が動くようになった。もしこの時「よく当たる人」に会いに行っていなければ、仕事はまったく進まないまま終わっていたかもしれない。

3　人生の大きな変化

人生の転機

　動かなくて困っていた仕事がようやく動きだし、私はまた仕事に励むようになった。この仕事は結局成功した。「よく当たる人」の言ったことは嘘ではなかった。人間の予想は外れることが多いが、この人の予想はよく当たるので人間業ではないと感心した。

「よく当たる人」に会って一年後の一九八九年に、また困ったことが起きた。この時は仕事ではなく私事だった。母親が倒れたのである。

　母親は昏睡状態になり三か月間意識不明だったが、幸いにも意識は回復した。だが、原因は脳だと思われたので、再発する恐れは十分にあった。母親は高血圧症だったので、いつ脳の血管が破れてもおかしくはなかった。

　この異変の後で、私は本気で会社を辞めることを考えるようになった。遠く離れて暮らしていたので何度も見舞いに行けなかったし、父親は聴覚障害で人との折衝が困難だったので、私が代わりをする必要があったからだ。さらに他の私事もいくつか重なり、ますます辞める方向に気持ちが傾き始めた。しかし大きな仕事が進行中で、すぐに辞めることはできなかった。

数年後、私は管理職になったが、管理職は自分には向いていないことが分かってきた。これもまた辞める要因となったが、辞める決心はなかなかつかなかった。会社を辞めてからの生活設計が立たないことも躊躇《ちゅうちょ》する理由だった。

こうして迷っているうちに時間だけが過ぎて行った。いつまでたっても決断できないので、またもや「よく当たる人」に相談することにした。

再び相談に行く

再度の相談に出かけたのは一九九五年の一月七日だった。前回会ってから実に六年以上がたっていた。前回と違ってこの時は私自身が直接電話を入れたが、「よく当たる人」は私のことなどすっかり忘れていた。そこで親族のことを持ち出すなどして説明すると、やっと思い出してくれた。

相談の席上で、私は母親のことを話した。すると「よく当たる人」は会社を辞めて帰ってきたほうがいいと言った。母親のことで何か感じることがあったようだ。

私はこの日珍しく体調が悪く、風邪気味だったので、直前になって行くことを止めようかと迷ったのだが、無理して行ってよかったと思った事件が十日後に起きた。阪神淡路大震災である。一月十七日のことだった。地震発生後、関西は大混乱に陥ったので、それ以後だと出かけようにも出かけられなかったにちがいない。

地震発生当日、早朝にテレビで報道を見ていた私は、よもや関西で大きな地震が起きるとは想像もしていなかったので驚いた。関西は関東に比べるとはるかに地震が少ないからだ。

一九九五年は凶事の多い年だった。阪神淡路大震災に続いて、三月二十日にオウム真理教の地下鉄サリン事件が起こった。世の中の雰囲気はしだいに悪化するのが感じられた。

私はこうした事件や経済の動きや世相を観察しながら、世の中は大きく変わりそうだと思った。四十歳も目前だったし、やり直すとすれば年齢的には最後かと思われた。

相変わらず仕事はたくさん抱えていたが、幸いなことに大きなものは終わっていたので、辞めてからでも十分に処理できる状態にはなっていた。こうしたことを熟慮して、結局私は会社を辞めることにした。一九九五年の十一月だった。だが、先のことは多少の当てがあったぐらいで、ほとんどお先真っ暗、見切り発車だった。

会社を辞めた時、親族が面白いことを言った。数年前に「よく当たる人」が、私のことを、「この人は四十ぐらいの時に身の上に大きな変化が起きるので、家族は一致団結しなければいけない、注意しろ」と言ったというのである。親族はそれがこのことだったのかとあきれたようにつぶやいた。

4　先の見えない職探し

「あんたには向きません」

一九九五年の暮れ、私は東京から関西に住まいを移した。家族は子供の学校の関係で郷里の近くに住み、私は京阪神で仕事を探すために大阪に近い尼崎《あまがさき》に仕事場を借りた。尼崎は震災の傷跡が生々しく、仮設住宅がいたるところで見られた。

会社を辞めてしばらくの間は解放感に浸っていたが、いつまでもそうしてはいられなかった。辞める前に多少仕事の当てはあったのだが、諸般の事情で駄目になったので、改めて仕事を探さねばならなくなったからだ。

私が「よく当たる人」に時々会いに行くようになったのは、職探しのためだった。

判断の決め手になってくれることや、大学に入った親族の息子のように進路について何かいい示唆を与えてくれることを期待したのである。

　ところが仕事探しは予想もしなかったおかしなことがたくさん起こり、当初考えてもいなかった方向に進展してしまったのである。

　しかし、それはもう少し後のことだった。会社を辞めた時は一度挨拶に行ったきりで、翌年の夏まで相談に行かなかった。その間、私は職探しをせずに、資格試験の勉強をしていたからだ。

　私は在社中にある資格を取ろうと考えたことがあり、少し準備もしていたので、とりあえず失業保険が出ている間はその勉強をして資格を取ってしまおうと考えていた。試験は一九九六年の夏にあるので、半年ほど時間があり、ひょっとしたら間に合うかもしれなかった。

　一九九六年の七月、試験が目前に迫った頃に、私は久しぶりに「よく当たる人」を訪ねて行った。ある資格試験を受けるというと、「よく当たる人」はいいとも悪いとも言わず、ただひっかける問題が出るので注意しろとだけ言った。だが何のことか分からなかった。受かると言われなかったので、落ちるかもしれないと思った。

　試験の結果は数週間後に判明したが、案の定、不合格だった。報告に行くと、「よく当たる人」は「資格を取っても役に立たない。自分もいくつか資格を持っているが、使ったことがない」と思わせぶりなことを言った。

帰途、言われたことを思い返していると、あれは資格を取るのはよしたほうがいいという忠告だったのかもしれないと思った。

そこで本格的に仕事を探すことにした。すると熱意が失せてしまった。しかし、なかなか見つからなかった。なにしろ世の中は不況だった。当時は自民党と社会党が連立を組んでいた。首相は自民党の橋本龍太郎《はしもとりゅうたろう》で、消費税の五％引き上げが決まり、不良債権の処理ははかどらなかった。失業者は増えこそすれ、新規採用は少なかった。ましてや中途採用などあるわけがなかった。しかし、私は新聞などの求人広告を見ては応募したり、職安に通ったり、採用試験を受けに行ったりしていた。当時はまだインターネットによる職探しができず、探すのに苦労した。

よさそうな募集を見つけると「よく当たる人」に相談に行ったが、いつも「あんたには向きません」とにべもなく言われるか、「受けたければ受けてみなさい」と興味なさそうに言われた。受けてみるといつも駄目だった。

「よく当たる人」はまた「あんたは大きな組織には向きません」と突き放すようなことも言った。会社など探しても無駄だと言わんばかりだった。だが、会社に向いていないと言われてしまうと、どうすればいいのか途方に暮れてしまった。

予想外の展開

先が見えないままアルバイトをしているうちに一九九七年になった。四月に消費税が五%に上がり、一段と不況色が強まった。ところが春に仕事のことで耳寄りな話が舞い込んできた。大学時代に世話になった先生から就職の話が来たのである。

ただこの話には条件があった。本を出していなくてはならないというのである。しかし私は本など出したことがなかったので、この話は無理だと思った。だが、先生は今から書けば間に合うし、出版社はどこか見つけてやると言われた。しかも本のテーマも与えるというのである。

しかし私はとてもできないと思った。なにしろこれまで原稿用紙は一枚も埋めたことがなかったからだ。それなのにいきなり何百枚も書けるわけがない。そのうえテーマまで設定されているのだ。

私は断るつもりだったが、それでも念のために「よく当たる人」に相談に行った。すると意外なことに、「よく当たる人」は「やってみなさい」と言った。私はこの人の言うことは信用していたのだが、いくらなんでも今回は無理だと思ったので、「それはできません」と初めて拒否反応を示してしまった。

すると私の言葉を耳にするや、「よく当たる人」は「あんた、私の言うことが信じられないのか」と烈火のごとく怒りだしたのである。

あまりの剣幕にたじろいでしまった私は、思わず「ではやってみます」と答え、その場を取り繕ってしまった。だが後で後悔した。できるはずがなかったからだ。

この時、もうひとつ面白いことがあった。私に就職の話を持ってきてくれた先生の名前を告げると、「よく当たる人」は、先生の性格や人柄を寸評したのである。それは正確ではなかったが、かなり特徴をつかんでいたので、どうして分かるのだろうと不思議に思った。


帰途に就いた時、私はとんでもないことになってしまったと悔やんだが、やると言った以上やるしかないと腹を決めた。それに「よく当たる人」がやれと言っているのだから、何か起こるかもしれないと思った。

私はさっそく必要な資料を集めて読み進めるかたわら、会社を辞めてから買ったパソコンに向かって文章を入力し始めた。当時パソコンはようやく普及し始めたばかりで、私はかろうじて操作できるようになっていたのだが、これが幸いした。パソコンがなければ、長い文章を書いたことがなかった私は、途中で書く作業を放棄してしまったにちがいない。

それから朝から晩まで思いついたことをパソコンに打ち込んでいると、三か月で一冊分の分量がたまってしまった。

原稿が一応できたので、仕事の話を持ってきてくれた先生にその旨を報告に行くと、先生は多忙で私のことなど忘れておられ、私の原稿に目を通す時間もまったくなさそうで、本を出すところもすぐには思い当たらない様子だった。私は当てが外れてしまい、とんだ骨折り損だったと馬鹿らしくなった。

意外な申し出

思いがけない事態になったので、「よく当たる人」はなぜこんな無駄なことをやれと言ったのだろうかと怒りすら覚えた。私は文句を言うつもりで、「よく当たる人」に経過を報告に行った。七月の暑い日だった。すると「よく当たる人」はまたしても意外なことを言った。何と本を出すところがあるというのだ。ただ会社の名前までは言わなかった。

それを聞いて、私は本になれば多少の収入になるかもしれないし、それがきっかけで就職もできるかもしれないと気を取り直した。そこで出版社を探すことにした。昔のつてをたどって探していると、驚いたことに、本当に引き受けてくれるところがあった。

運よく出版社が見つかったので、「よく当たる人」に報告に行った。一九九七年の

内記稲荷神社外拝殿（京都府福知山市）

夏の終わりだった。

ところがその時にまた「よく当たる人」はとんでもないことを言いだした。自分の本を出したいので、原稿を書いてほしいというのだ。そして「神様はあなたのことを好きだとおっしゃっておられます。しかし何を考えておられるのでしょう」と奇妙な言葉を付け加えた。明らかに「神様」の真意を測りかねている様子だった。この申し出には面食らってしまった。

私は就職したさに原稿を書いただけで、再び原稿を書くことなど考えたこともなかった。それで断ろうと思ったが、断ればまた激怒されそうな気がしたので口には出さなかった。返事に窮した私は、またもや「できるかどうか自信はありませんが、やってみます」と生返事をしてしまった。

この時、私が断らなかったのは、断れなかったからだが、もうひとつ理由があった。仕事を引き受ければ、この人の話が聞けるのではなかろうかと思ったのだ。この頃、私はすでにこの人の不思議な能力に関心を持っており、話が聞ければ、その能力について何か分かるかもしれないと期待を抱いたのである。

すると「よく当たる人」は、「秋に京都の伏見稲荷《ふしみいなり》に行っているので、そこを訪ねてきなさい」と言った。この人がなぜ伏見稲荷に行っているのか、その理由は分からなかった。

5　伏見稲荷大社を訪ねる

無意味な訪問

一九九七年も秋になった。日本は大手銀行が倒産し、金融業界は再編合併が相次いでいた。不況感が漂っていた。

私は相変わらずアルバイトをしながら本ができるのを待っていた。本ができれば就職できるかもしれないと期待していたのだ。

十月になって、「よく当たる人」から電話がかかってきた。面会日を指定され、数日間宿泊できる用意をして来るようにと言われた。数日間も何をするのだろうと思った。

十月七日、私は着替えなどをバッグに詰めて、京都の伏見稲荷大社に出かけた。秋晴れのすがすがしい一日だった。

伏見稲荷大社は京都の東南部にある日本有数の大神社である。全国津々浦々に分社がある。私は学生時代、京都に住んでいたが、伏見稲荷には参詣したことがなかった。また、この神社と信仰についてまったく知識がなかった。

地図で最寄駅を調べ、電車を乗り継いで京阪本線の伏見稲荷駅で下車すると、神社まで賑やかな商店街が続いていた。

「スズメ焼き」という珍しい焼鳥を売っている商店の店先を見物しながら歩いていると、神社の最初の大鳥居に着いた。鳥居をくぐり本殿に向かって参道をまっすぐに進むと、右手に鉄筋の建物が見えてきた。建物の一階入口の左上に「参集殿《さんしゅうでん》」という文字が見えた。ここが指定された宿泊所だった。

参道を右に折れて建物に向かって歩き始めると、前方から私の名前を呼ぶ声がした。

何者かと思い声の出所を探っていると、建物の二階のベランダに人影が見えた。顔はよく見えなかったが、私のほうに向かって手を振っているようだった。声には聞き覚えがあった。声の主は「よく当たる人」だった。

この時、ある疑念が生じた。この人はなぜ私が神社に到着し参集殿に向かっていることが分かったのだろうか？　私は正確な到着時間を告げていなかったし、伏見稲荷駅に着いて電話を入れたわけでもなかった。

それになぜ歩いている人間が私だと分かったのだろうか？　当時、私は軽度の近視で相手の顔をはっきり識別できなかったのだが、「よく当たる人」は私の顔がはっきりと見えたのだろうか？　この人は私よりも目がいいのだろうか？

受付で「よく当たる人」が泊まっている部屋を教えてもらい、その部屋を訪ねた。部屋は二階だった。

部屋に入ると、十畳ほどの和室に十数人の中年から初老の女性たちが座っており、「よく当たる人」を取り囲んで談笑していた。私はその雰囲気に一瞬気後れしたが、気を取り直して挨拶した。「よく当たる人」は和服だった。

「よく当たる人」は空いているところに座るように言った。腰を下ろすと、取り巻きの女性のひとりがお茶とお菓子を供してくれた。

私はお茶をすすりながら、何か話をしてもらえるものと期待して待っていた。だが

伏見稲荷大社・内拝殿と本殿（京都市伏見区）

「よく当たる人」は取り巻き連と談笑しているだけで、私には何も話してくれなかった。私は仕方なく一同の話を聞いていたが、内容はよく分からなかった。私は話に入っていけないので、はぐれ鳥のようにぼんやりと座っているしかなかった。数時間そうしていたが、退屈を通り越してその場にいるのが苦痛になってきた。何のために呼ばれたのかと馬鹿馬鹿しくなった。

しかし帰ることもできないのでそのまま居続けていると、夕方になり、風呂に入ってきなさいと言われた。宿舎の大きな風呂から出ると、夕食だからついてくるように言われた。一階に大きな食堂があった。食堂でも「よく当たる人」はしゃべりっぱなしだった。

多弁な人だと感心した。

私の部屋は十二畳ほどの大部屋だった。団体客用の部屋らしかったが、私の他に宿泊客は誰もいなかった。私は広々とした部屋にひとりで寝転がって、無意味な一日だったと、ここに来たことを後悔した。

稲荷山歩き

翌日、早朝から「よく当たる人」を訪ねてくる人が何人かあり、取り巻きの人の数はさらに増えていった。朝食をすませると、お祭りに出るからついてくるように言われた。全員、宿舎を出て本殿に付属している内拝殿《ないはいでん》に向かった。内拝殿に着くと中に入った。斎場にはたくさんの人が詰めかけていた。

神社で大きなお祭りを見るのは初めてだった。神官さんが入場して来られ、豪華な神饌《しんせん》が次々に運び込まれて神前に供えられた。列席者一同起立して、お祓《はら》いを受け、祭祀が始まった。祝詞《のりと》が奏上され、列席者の名前が連呼され、神楽女《かぐらめ》さんが神楽を奏し舞いを奉納した。

こうして祭祀がかなり進んだ頃に、ある人の名前が信者代表として読み上げられた。すると、いつの間にか前の神官席の最後尾に座っていた白衣・袴姿の「よく当たる人」が立ち上がり、奉納台の前に進み出て、一礼して玉串を奉奠《ほうてん》し、二礼二拍手一礼をした。それが終わると、列席者が次々とその後に続いた。その光景を見ながら、私はこの人は一体何者なのだろうと改めて思った。何か偉い人のようなのである。

お祭りは二時間近く続いた。外に出ると記念品が配られた。それを受け取ると、次はお神楽《かぐら》を受けますと言われた。向かった先は、本殿横の神楽殿だった。私もついていき、神楽女さんによるお神楽を見物した。神楽が終わると、神楽女のひとりが、布に包まれた小さな箱らしきものを持って「よく当たる人」の前に座り、「おみたまです」と言って差し出した。意味がまったく分からなかった。

午後になると、「よく当たる人」の部屋は人でいっぱいになった。「よく当たる人」はその対応に追われていた。私は何もすることがなかった。すると「よく当たる人」は私の相手をしている暇がないと思ったのか、本殿の裏が山になっているので歩いてくるようにと言った。

部屋にいて訳の分からない話を聞いているよりも山を歩いているほうがはるかによかったので、天の助けとばかりに外に出た。境内に立っている略図を見ながら参道を歩き始めると、多くの神蹟《しんせき》や末社があり、赤い鳥居が連なっていった。この赤い鳥居は稲荷神社独特のもので、ことに伏見稲荷の無数に連なる鳥居は千本鳥居といって有名である。

本殿の裏は確かに低い山だった。参道を進むにつれて、いたるところにかなり大きな石積みの石碑、つまり石の祭壇のようなものが建っていた。それはおびただしい数で、全山がそれで埋め尽くされている印象を受けた。この石碑は「お塚」と言って、これもまた伏見稲荷独特の風景だった。

参道を一周するのは一時間あれば十分だった。山頂にも神蹟があり、お塚で埋まっていた。時間が余ってしまったので、山の周辺も歩くことにした。滝がいくつかあった。神域なのになぜ滝があるのだろうと不思議に思った。

お山をする

翌日、朝食をすませると、「よく当たる人」は「お山をします」と言った。「お山をする」とは奇妙な言葉だった。初めて耳にした。普通「山に上る」とは言うが、「山をする」とは言わない。一体何をするのだろうか？

取り巻き連は「よく当たる人」とともに参道を歩き始めた。ひょっとして山を歩くのではなかろうかと思ってついていくとその通りだったので、また山歩きかとげんなりした。

一行の歩き方は、私が昨日歩いたようにノンストップではなかった。多くの社で立ち止まって賽銭《さいせん》を撒《ま》き、拝んでいくのである。そのうえいくつもの神蹟にも参り、灯明《とうみょう》を上げ、祝詞《のりと》を上げる。さらに茶店で休憩もした。茶店とは親しいらしく、入って

御膳谷お塚風景

いくと大歓迎された。茶店だけで三軒立ち寄った。

私は道中で「よく当たる人」の賽銭の撒き方が尋常でないことに気づき、舌を巻いた。私は賽銭を撒く習慣がなかったので撒かなかった。賽銭など撒いて何になるのかと思っていたのだ。

歩いているうちに、こうものらりくらりしていると、目的地に着くまでにかなり時間がかかりそうだと危惧《きぐ》した。ひょっとしたら一日仕事になりそうだ。そう思うとまたうんざりした。なんという暇人たちなのだろう。この忙しい世の中にこんな悠長なことをして一日時間を潰している人がいるなんて信じられなかった。

こうして最後に辿り着いたのが、山

頂直下の「御膳谷《ごぜんだに》」というところだった。ここに何か用でもあるのかと思っていると、私たちのお塚がありますと言われた。その言葉で、全山におびただしく建っている石の祭壇のようなものがお塚と呼ばれていることを知った。

一行はあるお塚の前で、持参した多くのお供えと灯明を上げ、祝詞のようなものと般若心経《はんにゃしんぎょう》を唱え始めた。拝み終わるのに三十分かかった。

祝詞のようなものはのちに「祓詞《はらへことば》」、「大祓詞《おお》」、「十種祓詞《とくさの》」などであることが分かった。これらは『講員神拝詞《しんぱいし》』という伏見稲荷大社講務本庁発行の小冊子に収録されている。

私にはこれらの神拝詞の内容がまったく理解できなかった。だがそれ以上に驚いたのは、般若心経が上げられたことだった。神社なのに仏教のお経を上げるのかと奇異に感じた。

祝詞が終わったので、やれやれとほっとした。ところが一行は、また別のお塚に移動して同じことを繰り返し始めたので、まだ終わらないのかとがっかりした。私自身は一行の後ろに突っ立っているだけだったので、おそろしく退屈で閉口した。

この時、お塚を一基拝み終わると、「よく当たる人」が同行者に何か助言することに気づいた。言われた人はありがたそうにしていた。

結局、拝んだお塚は六基で三時間近くかかった。それから御膳谷の社務所に立ち寄って休憩したり職員と長話をしたりするのでまた時間がかかり、山を下りると夕方になっていた。まさに一日がかりだった。この人たちは一日かけて神様を拝んで回っているのかとあきれてしまったが、なぜそうしているのかは分からなかった。

翌日になると、帰る人が出始めた。この日も私は何もすることがなく、ついに許可を得て逃げ出し、時間潰しに神社の周辺を歩き回った。お寺なども見物したが、それでも時間を持て余し、喫茶店に入った。

夕方にようやく帰宅してもいいと言われたのでほっとした。そこで宿泊費と食費を清算しようとすると、一切不要と言われた。それどころかお下がりだと言ってお供えの食料を少しくれた。

私は訳の分からない世界からようやく解放された。帰りの電車の中で、何のために私は呼ばれたのだろうと思った。いずれにせよ、つい一年前まで会社であくせく働いていた人間から見ると、理解不能の別世界だった。

しかし、これが私が「よく当たる人」の能力を見聞する始まりだったのである。

6　謎めいた予言

「あんたは本を書く人です」

　伏見稲荷で四日間見物したものの、何を書けばいいのかまったく見当がつかなかった。そこで何もせずに再びアルバイトを続けることにした。

　ひと月ほどたった頃、母親が倒れたという知らせが飛び込んできた。一九九七年の十一月の終わりだった。やはり脳が原因だったので、予想した通りになったと思いながら病院に駆けつけると、すでに手術が始まろうとしていた。手術は十時間を超える大手術だったが、幸いにも一命はとりとめた。

　母親を見舞いながら、一九九五年の暮れに会社を辞めなかったら、手術にも立ち会えなかっただろうし、その後の看病もできなかっただろうし、見舞いにも行けなかっただろうと思った。

　年が明けて、一九九八年になった。不況色は一段と強まり、行革も進み始めた。

前年の春に書いた原稿が一月に本になったので、書くように勧めてくれた先生に本を届けに行くと、先生はせっかくだが就職の話は駄目になったと言った。再びとんだ無駄骨を折ったものだと馬鹿らしくなった。しかし、この成り行きを見ていた関係者が、アルバイトにと非常勤の口を申し出てくれた。だが、週に一度、一時間半の仕事なので収入の足しにはならず、断ろうと思った。

就職の話が潰れたので落胆したが、ともかく本ができたので「よく当たる人」にお礼を兼ねて本を持参した。

するとの「よく当たる人」を訪ねた時、母親が倒れたために秋から連絡できなかったことを詫び、本ができたが就職の話は破談になったことなどを話した。

「よく当たる人」は、「こうなることは前から分かっていたのです。一連の出来事はあなたに本を書かせるためだったのです」と言った。そして就職の話を振ってきた先生はたんなる狂言回しだったと付け加えた。それが本当だとすればとんでもない話で、私も先生も誰かに踊らされていたことになる。

さらに「よく当たる人」は「あんたは本を書く人です」と言った。あまりにも唐突な言葉だったので、私は困惑した。私は成り行き上、仕方なく本を書いただけで、さらに執筆を続けるつもりはなかった。「よく当たる人」の本も書くことは引き受けたが、それは義理があったからで例外だった。私は生まれてから一度もこのような仕事をしようと思ったことはなく、またしたいとも思わなかったし、第一私にはそんな能力はなかった。私はただ他の仕事を見つけたかっただけだ。

私が内心戸惑っていると、「よく当たる人」はさらに「あんたは神さんのかかりやすい人だ」と謎めいたことを言った。このように私には理解できない科白《せりふ》がこの人からよく飛び出してきたのだが、それは全てこの人の特殊な能力と関係があることが、のちに分かってきた。

ついでに私は非常勤の仕事の話をしてみた。すると「よく当たる人」は、「やりたいのならやってみたらよろしい。いい経験になります。しかしあなたは人前でしゃべったり、人に教えたりすることには向いていません。若い人の前で話してごらんなさい。笑われて馬鹿にされますよ」と思わせぶりなことを言った。

私はその言葉を耳にして、逆にいい経験になるのならやってみようと考え直した。話を終えて退出しようとすると、「よく当たる人」は「昨年の秋に伏見稲荷に来てもらったのは、そこで私が何をしているのかを知ってもらいたかったためでしたが、見てお分かりのように、いつもたくさんの人が訪ねてくるので、あんたに話をしている時間はまったくなかったのです。それで次は誰にも知られることなく伏見稲荷に行きますから、その時に話します」と言った。

こうして私はこの人の話を聞くことになった。

第2章　不思議な人の話を聞く

7　正体が判明する

名刺交換

私は「よく当たる人」の話を聞くために、伏見稲荷に通うようになった。それは一九九八年の二月に始まり、一九九九年の三月まで続いた。

一九九八年の一月の初めにできたばかりの本を持参したあと、しばらくして「よく当たる人」から連絡が入り、二月一日に伏見稲荷に来るように言われた。

当日、私は録音用のカセットテープレコーダーを二台持参した。この頃、まだＩＣレコーダーは発売されていなかった。

「よく当たる人」がいつも泊っている参集殿の部屋に入ると、昨秋とは打って変わり、室内はガランとしていた。そこには「よく当たる人」と中年の女性がひとりいた。

私はふたりに挨拶をして勧められるままにふたりの前に座った。「去年の秋はにぎやかでしたね」と私が言うと、「よく当たる人」は「そうなんです。いつも誰かに追いかけられているんです。行先が知れるとまた追いかけられてしまうので、今日は内緒で来たんです」と言った。この人が常に誰かに追いかけられているのは特殊能力のせいなのだろう。

ひと通りの挨拶が終わると、「よく当たる人」は名刺をくれた。名刺を持っているとは意外だった。そこには「伏見稲荷大社講務本庁《こうむほんちょう》　三丹《さんたん》支部　支部長　砂澤《すなさわ》たまゑ」と刷られており、左側に小さく住所と電話番号が入っていた。

私も名刺を差し出したが、私の名刺には肩書がなかった。名刺は会社を辞めてから作ったものだったが、ほとんど使っていなかった。

この時、私は初めて「よく当たる人」の本名を知った。肩書があることが不思議だった。世俗を超越しているように見えたからだ。

肩書の意味はよく分からなかった。ただ、名刺から伏見稲荷と何らかの関係があり、それでよくここに来ているのだろうと思った。また住所は内記稲荷《ないきいなり》神社の近くだったが、この神社は相談に使っていた社務所があった神社だった。内記稲荷とこの人がどのような関係にあるのかは分からなかった。

いずれにしても本名が判明したので、ここからは「よく当たる人」ではなく本名で表記する。また、取り巻きの人たちは先生と呼んでいたが、本稿では敬称は省略する。

私は「昨秋ここに来たが、何を書いていいのか分からないので、とりあえず話を伺ってみて、それからどうするか考えさせてほしい」と申し出た。砂澤はそれを了承してくれ、「本格的に話をするのは明日にしましょう」と言った。そこで、この日は雑談になった。

雑談中に私は生年月日を尋ねてみた。すると「大正十一年一月一日」だと教えてくれた。携帯していた手帳の付録で調べてみると七十六歳だった。七十六歳にしてはおそろしく元気だった。声にも張りと艶《つや》があり、朗々としていた。年よりもずっと若く見えた。

逆算すると、私が初めて会った時は、六十七歳だったことになる。当時、四十代かと思うほど若く感じたが、この時はさすがにかつての気がみなぎっているという雰囲気は薄らいでいた。

砂澤は生年月日のあとで、「一づくしの生まれなので、何でも一番にならないと気がすまないのです」と言った。相当強気な性格らしい。続いて出身地を尋ねてみた。なんと私の実家がある町だった。

伏見稲荷大社・参集殿（2021年に解体された）

オダイと呼ばれる霊能者

雑談に花を咲かせていると、砂澤は唐突に「私のような霊能者は」と言った。私は虚を突かれた。「この人は霊能者だったのか」。うかつな話だが、それまで私はこの人を霊能者だと思ったことは一度もなかったのである。この人の不思議な能力を見れば霊能者だと分かりそうなものだが、私は霊能者について何も知らず関心もまったくなかったので気がつかなかったのだ。

するとこれまで見てきた不思議な能力は、霊能力ということになる。私はこの世に霊能者などいないと思っていたし、霊能力はインチキだと思っていたので、霊能者が目の前にいることが信じられなかった。

砂澤はまた「私のようなものは『オダイ』と呼ばれています」と言った。誰に呼ばれているのだろうと考えていると、砂澤は「神様がいつもそう呼ばれるのです」と付け加えた。私は「神様だって？　神様の声が聞こえるのか。そんな馬鹿な」とまた驚いた。こんな変な人に出会ったのは生まれて初めてだった。こんな人が世の中にいるなんて想像したこともなかった。

のちに談話を文字に起こしていた時、「ダイ」の表記が分からなくて困った。話の内容からすると、「神様の代理をする人」のようなので、「お代」ということになりそうだが、「お台」と書く人もおり、定説はないようだ。専門書は「オダイ」とカタカナ表記している。のちに関西では御祈禱をしたり神様の言葉を伝えたりする人のことを一般的に「オダイさん」と呼んでいることを知った。

砂澤は相席していた中年の女性を紹介してくれた。上田さんといった。信者だという。すると昨秋の取り巻き連は全て信者ということになる。この人はたくさんの信者を抱えているようだ。

雑談のあとで夕食になった。夕食後、砂澤は何種類もの薬を服用した。それは血圧や目の薬だった。砂澤は血圧が二〇〇近くあり、緑内障を患っていたのだ。

砂澤は「緑内障なので視野が狭くよく見えないのです」と言った。この言葉を聞いた時、昨秋、私が初めて伏見稲荷に着いた時なぜ遠くから私のことが分かったのだろうと改めて疑問に思った。比較的目のいい私ですら相手の顔がはっきりとは見えなかったのに、目の悪いこの人がどうして私だと分かったのだろうか？

夕食後、上田さんは翌日仕事があると言って帰って行った。

8　霊聴ができる霊能者

伏見稲荷大社・講務本庁

翌二月二日（一九九八年）、朝食を終えると、砂澤は講務本庁に挨拶に行くからついてくるようにと言った。私は名刺に刷られていたあの講務本庁かと思った。

ここは全国の稲荷信仰の信者の中から伏見稲荷大社の講員を募り、講員として登録した人たちの世話をして便宜を図っている信者を組織する事務機関だとのちに知った。講員になると、初穂料《はつほりょう》を納め、本庁から様々な恩典や待遇を受けることができる（講務本庁は法人だったが、二〇一四年に法人ではなくなり、「伏見稲荷大社付属講務本庁」と名称が改変された）。

「講《こう》」という言葉は古くからあり、神仏に参拝に行く人の集まりという意味である。日本では昔から「富士講」など様々な講があった。

講務本庁は内拝殿《ないはいでん》の北側にあった。ほどなく講務部長が出てこられ、親しげに応対

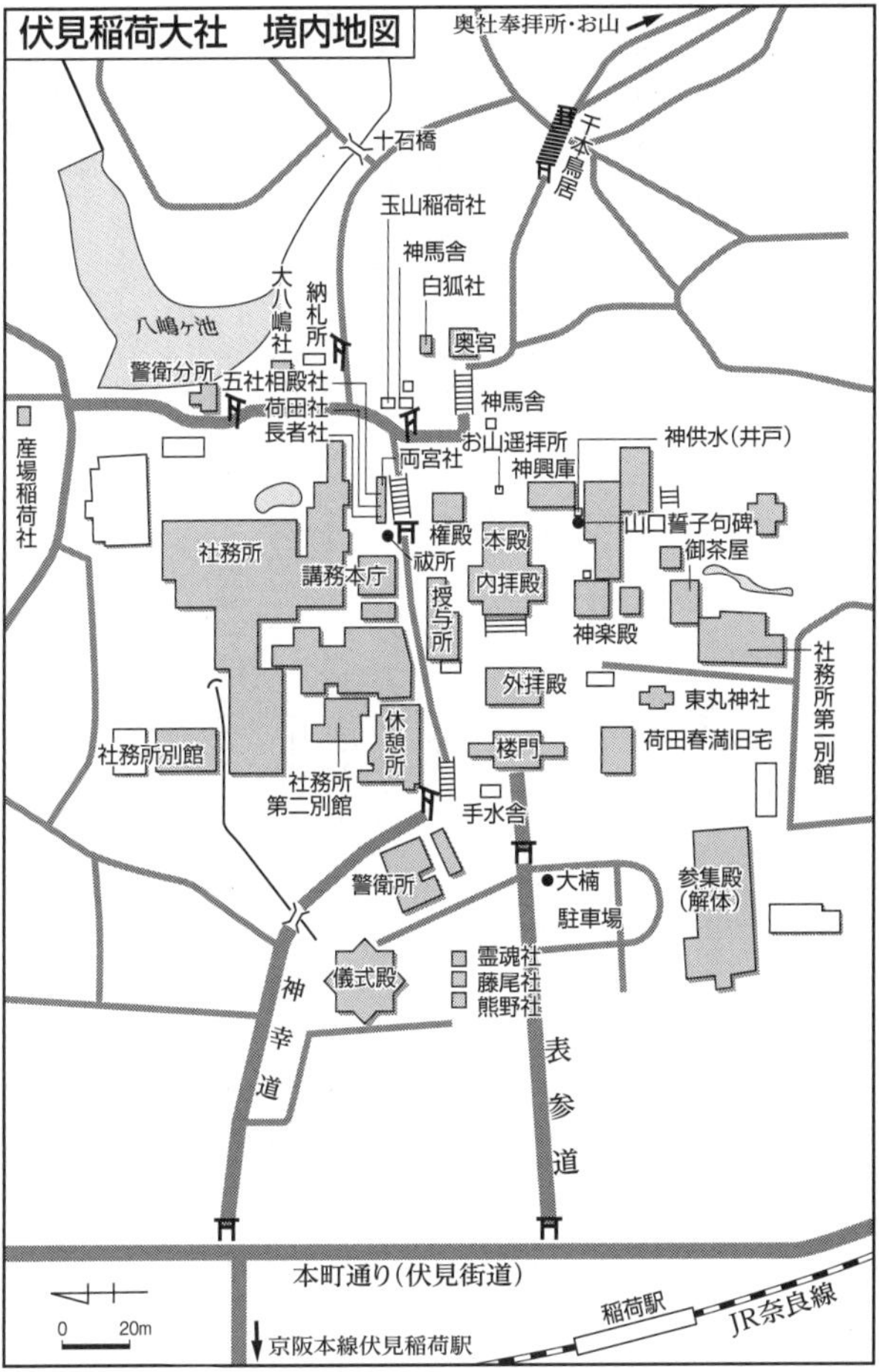
奥社奉拝所・お山
千本鳥居
十石橋
玉山稲荷社
神馬舎
白狐社
奥宮
大八嶋社
納札所
八嶋ヶ池
警衛分所
五社相殿社
荷田社
長者社
神馬舎
お山遥拝所
神供水(井戸)
両宮社
神輿庫
産場稲荷社
山口誓子句碑
権殿
本殿
祓所
御茶屋
社務所
講務本庁
内拝殿
授与所
神楽殿
社務所第一別館
外拝殿
東丸神社
休憩所
楼門
荷田春満旧宅
社務所別館
社務所第二別館
手水舎
参集殿(解体)
警衛所
大楠
駐車場
霊魂社
藤尾社
熊野社
儀式殿
神幸道
表参道
本町通り(伏見街道)
0
20m
稲荷駅
JR奈良線
京阪本線伏見稲荷駅
伏見稲荷大社　境内地図

された。講務部長は砂澤のことを支部長と呼んだ。

私は名刺に「三丹支部　支部長」と書かれていたことを思い出した。のちに知ったことだが、支部とは各地の講員の集まりのことである。講員の集まりは大きなものは「支部」、小さなものは「扱所《あつかいしょ》」と呼ばれている。支部や扱所には講員を結集し指導する者を置くことになっており、指導者は支部長か扱所長と呼ばれている。

指導者になるには教師の資格が必要で、資格は伏見稲荷で所定の講習を受けて認定されると与えられる。講員なら誰でも指導者になれるわけではない。砂澤の名刺に「教師」とあったのは、伏見稲荷より資格を授けられているという意味だった。つまり砂澤は伏見稲荷公認の指導者だったのである。

三丹支部は砂澤が一代で築き上げた講だった。最初、砂澤は支部を作ろうとは思っていなかった。伏見稲荷に参っているうちに、人が連れて行ってほしいというので連れて参っていると、それが神社の関係者の目に留まるようになり、勧められるままに教師の資格を取り、支部ができてしまったのだという。講員の長になると、講員を引率して伏見稲荷に参拝する義務が生じる。砂澤がよく伏見稲荷に来ていたのは、そのためだったのである。

神様の声を聞くオダイ

砂澤の談話を録音したのは午後と夜だった。

最初は私のほうから二、三質問したのだが、結局、砂澤の独演会になってしまった。私はほとんど口を挟めず、ただ聞くことに終始した。砂澤は話し始めると止まらなくなるのだった。

砂澤は相談者を相手に、朝の七時頃から遅い時は午後の二時ぐらいまでしゃべりっぱなしだというから恐れ入った。その間、正座を続け、コップ一杯の水を飲むだけだというから、超人的な体力と座力、そして集中力である。

私はテープを回しながら話を聞き続けた。信じられないような話が次々と飛び出してきた。ただ困ったことに、話は断片的で、脈絡もなく前後に次々と飛んだ。時間も場所もばらばらで、いつの時代のことなのか、誰のことなのかよく分からず、ついていけなかった。出てくる地名や人名はほとんどなじみがなく、話の背景となっている時代や社会のことにも疎《うと》かった。伏見稲荷のことも日本の宗教のこともまったく知識がなかった。これでは話は理解できない。

しかし、私の無知を差しおいても、話はすこぶる面白かったし、話の端々からこの人の波乱万丈の壮絶な人生が浮かび上がってきた。

話の中でひとつ確認できたことがあった。それは砂澤には神様の声が聞こえ、私たちには分からないことが分かるということだ。砂澤には私たちが人の言葉やテレビの音声を聞くように神様の声が聞こえていたのだ。現実の音に加えて、私たちには聞こえない音声が聞こえていたのである。これは霊能力のひとつで、「霊聴《れいちょう》」と呼ばれている。

最初は信じられなかったが、私はしだいにこの能力は本物だと確信するようになった。言うことが全て本当だったし、その内容はこの人には考えられそうもないことだったからだ。何か他の存在がこの人に教え、この人がそれを伝えているとしか思えなかった。

砂澤は、神様の声によって様々なことが分かると言った。しかもいつも本当のことばかりだという。例えば、砂澤は戦時中に軍属として満州に渡った。一九四四（昭和十九）年の初めのことだった。これは神様の指示だったというが、その時、日本は戦争に負けると告げられ、敗戦の正確な日付と日本に帰ってくる日まで教えられた。砂澤もこの時はさすがに信じられなかったそうだが、その通りになったという。

この時、私は初めてこれまで見聞してきた不思議な出来事は全て神様が砂澤に教えていたのだと知った。大学受験も、心臓の穴も、仕事がうまくいくことも、全て神様の指示だったのである。私は、砂澤の不思議な能力の秘密は神様の声が聞こえることだと確信した。

のちにこの能力は砂澤の際立った特徴であることに気づいた。霊能者といっても霊視しかできない人が多く、霊聴までできる人は少ないようだ。テレビに出てくる霊能者が霊視、霊視と言って騒ぐので、霊能者といえば霊視ができる人だと思い込んでいる人も多いようだが、実はそうではない霊能者もいるのである。

また、霊視ができれば様々なことが分かると錯覚している人が多いようだが、ただ見えているだけでは本当のことは分からない。本当のことが分かる霊能者は、霊を見ると直観的に霊のことが分かるし、霊聴ができる人なのである。

砂澤は神様の声が一方的に聞こえてくるだけではなかった。「神様といつもお話ししています」と言った。砂澤は神様とコミュニケーションができたのである。

私は最初の頃、神様の声は神前で御祈禱《ごきとう》をしている時だけ聞こえているのだと思っていたのだが、のちにそうではないことが分かってきた。御祈禱以外の時も聞こえていたのである。

自然が神様

話の最後に、砂澤は「自然が神様です。自然の中に宿っているのが霊です」と言った。奇妙なことを言う人だと思ったが、「自然が神様」とは砂澤独自の考えではなく、日本では古くから言われてきたことだった。これは原始神道の根幹をなす考えである。

私は、西洋とは自然に対する考え方がまったく異なっていると思った。西洋では神が自然を作ったとされている。つまり自然は神ではないのである。

だがこの時、私は「自然が神様」の意味が理解できていたわけではなかった。これは自然界の万物に霊が宿り、その全ての霊が神様という意味なのか、万物を生み出す「自然」が神様という意味なのか、それとも「自然」を作り支えている神様という意味なのだろうか？　判断がつかなかったが、今ではその全てを含んだ意味だと思っている。

砂澤は「自然を大切にしなければいけない」と言った。日本人は古来、自然を大切にしてきたが、それは自然が神様だったからだ。しかし今はそうではなくなってしまった。

砂澤はまた「お稲荷《いなり》様は生き神様で、もたれかかったらそれに応えてくださいます」と言った。これは神様が生きているかのように具体的に反応し、活動するからだろう。砂澤を見ていると、そのことが実感できた。稲荷神は他の神のように祈っても何も答えないのではなく、具体的に答えてくれるのである。稲荷信仰は生き神信仰だった。

さらに私が驚いたのは、次の言葉だった。「人間は死んだらおしまいではありません。霊は残ります。肉体は両親が作ったものですが、魂は他から入って来たものです。ですから兄弟でも違うものが入っているのです」。つまり魂と肉体は別のもので、魂と霊は同じであり、肉体は滅んでも霊は残るというのである。これは霊のことが分かっている霊能者でなくては言えない言葉である。

私は魂も霊も存在しないと思っていたので困惑した。人は死ねば肉体が消滅し、意識（心）も含めて全てがなくなると思っていたからだ。「霊がある？　冗談だろう」と内心でつぶやいた。しかし、私はこの人によって様々な機会に間接的に霊の存在を見せつけられてしまうのである。

翌日、砂澤は伏見稲荷で所用があるので話はまた近々しますと言った。

9　霊視と憑霊

御祈禱・御神占

伏見稲荷から帰って何か書こうと思ったが、何も書けなかった。話の内容がよく理解できなかったのである。そこでとりあえず録音した談話を文字に起こしてみることにした。そうすれば何か糸口が見えてくるかもしれなかった。この作業をしていると、二十日ほどたった頃に砂澤から電話が入った。次回は三月二十六日（一九九八年）に来るように指示された。

当日は午前中に伏見稲荷に着いたので、午後と夜に話を聞いた。この時、砂澤が内記稲荷のそばに住んでいる理由が判明した。砂澤の祀《まつ》っていた神様がこの神社の神様だったのである。砂澤は神様を祀り始めてから各地を転々としていたが、内記稲荷神社の奉賛会に神社の世話を依頼され、その時に行われた調査で、初めてこの神社の神様が砂澤の祀っていた神様であることが判明したのである。

砂澤がこの神社のそばに住んでいたのは、こういう経緯があったからだ。砂澤は内記稲荷神社の女性神職でもあったのだ。ちなみに日本は戦後、女性神職が認められた。だが、女性神職はまだ少数で、神社で見かける巫女《みこ》さん姿の女性たちは正規の神職ではなく、お手伝いである。

またこの時、この神社の神様は江戸時代に伏見稲荷から勧請《かんじょう》されていたことも明らかになった。つまり内記稲荷神社は伏見稲荷の分社だったのである。これで砂澤と伏見稲荷の関係はさらに明らかになった。

砂澤は話の中で、唐突に自分は八卦見《はっけみ》ではないと言った。初めての人が見てほしいと言ってやってきて、おいくらですかとよく金額を訊ねてくることがあるが、その時は「自分は八卦見ではないから他へ行ってくれ、御祈禱ならします」と言って断るのだという。

つまり砂澤が社務所でしていたことは御祈禱だったのである。「御祈禱」とは神仏に加護や利益《りやく》を求めて祈ることである。

しかし御祈禱をしても神仏の言葉を聞き取れない人がほとんどで、砂澤のように聞き取れる人はまれである。

神様の言葉が聞き取れる人が御祈禱をすることは「お伺い」ともいわれ、「心霊相談」（御神占）ともいわれている。またその時に聞こえてくる神様の言葉は御神言《ごしんごん》、その内容は御神示《ごしんじ》と呼ばれている。

砂澤は相談者に代わって御祈禱し、神様にお伺いを立てて神意を聞き出していたのである。

砂澤は御祈禱すると神様が来られ、短く指示されて帰って行かれますと言った。砂澤は御祈禱をして神様を神棚に招いていたのである。これは「神寄せ」と呼ばれている。これができるためには神様を呼び寄せる力が砂澤になくてはならない。また「お伺い」をするには神様と交信、意思疎通ができなければならない。これに必要な能力こそ霊能力なのである。霊能力のない者はいくら御祈禱しても何も分からない。

砂澤はまた意外なことを言った。謝礼、つまり御祈禱料を金額指定したことは一度もないというのである。いつも「置いて行こうと思ったら置いて行ってくれ」と言っているだけだという。その理由は、「神様はいくら欲しいとは言われません」というのだ。そのために小遣い銭から十円だけ置いていく子供もいるという。

私は今時こんな奇特な人がいるのかと感心した。どこへ行っても御祈禱料は決まっているし、高額を吹っ掛けられるというではないか。この人は金のために仕事はしていない。信用できると思った。

この話を聞いた時、私はなぜか自分のことを言われているような気がした。私は最初の頃、この人を占い師だと思い込んでいたからだ。よく門前払いされなかったものだ。

人に憑いた霊が見える

この日の話で、砂澤は神様の声が聞こえるだけでなく、霊が見える、つまり霊視の能力も持っていることが分かった。砂澤は常に私たちには見えない何かが見えているようだった。霊視も霊能力のひとつである。

例えば、砂澤には人に憑《つ》いているものが見えた。憑いているものは神様や仏様、そして人霊などだった。何かが憑いているという指摘は砂澤の話の中で盛んに出てきた。しかも砂澤は憑いているものから様々なことが分かるのだ。

一例を挙げると、砂澤は懇意にしている医者の話をしてくれた。

砂澤はかかりつけの医者に、机に向かって座ってばかりいると頭をやられる、つまり卒中になるので運動しなさいと忠告したことがあった。すると医者は、医者が病気のことで忠告されていては立つ瀬がない、これではどちらが医者か分からないと気を悪くした。そして、なぜそんなことが分かるのかと砂澤に問い質した。すると砂澤は憑いている神様がそう言っておられますと答え、ついでに病院の経営状態や借金の額まで暴いてしまい、医者を二度びっくりさせた。砂澤の場合は、霊視といってもただ見えるだけではないのである。

霊視についても霊聴同様、しだいに本物だと確信するようになった。

ところで、霊視とは何だろうか？　霊視は肉眼で見ているのではなく、別の能力なのである。そのことがよく分かるのは、目の不自由な霊能者の場合である。霊能者には盲人が多いが、彼らは肉眼では見えない何かが見えているのである。砂澤の血のつながらない祖母は目の不自由な霊能者だったが、様々なことがよく見えていたという。砂澤も目を悪くしていたが、目のいい人と同じように活動ができた。それは霊視のなせる業だったのである。

砂澤はこの時、霊視について面白いことを話してくれた。それは私が以前に社務所で見かけた変わった母親連れの青年のことを尋ねた時だった。砂澤は、「私には若い人が変なものに憑かれているのが見えます。二重になって見えます。善霊と悪霊です。

こういう人たちは半分まともで半分まともでないのです。頭が半分おかしくなっています」と奇妙なことを言った。

この話は、砂澤には人に憑いている霊が見えること、霊の性質が分かることを示している。霊が憑くことは憑霊《ひょうれい》という。

砂澤は善霊と悪霊について、過保護にされたり安楽な生活をしていると悪い霊に憑かれると言った。

この時、私は前回聞いた話を思い出していた。三年前にあった地下鉄サリン事件の主犯、オウム真理教の教祖、麻原彰晃《しょうこう》についての砂澤の寸評である。「あの教祖は次第に欲が出て、その結果、悪いものに憑かれてしまったのです」

10　テレパシーと予知・予言

鳥の心が分かる

翌三月二十七日早朝、砂澤はお山をするからついてくるように言った。この時は他に人がいなかったので、道すがら砂澤は様々な話をしてくれた。

砂澤は昨秋同様、同じ神蹟《しんせき》や末社を拝し、同じ茶屋に立ち寄った。砂澤は伏見稲荷に来ると必ずお山をすると言った。

稲荷山《いなりやま》はまだ寒かったが、かすかに春の気配が感じられた。どこからともなく鶯《うぐいす》の鳴く声が聞こえてきた。すると砂澤は「あれは若い鶯で、上手く鳴けているか聞いてくれと言っているんですよ」と言った。

不思議なことを言う人だと思った。これがもし本当だとすれば、砂澤は鶯の声でその年齢が分かり、その気持ちも分かったことになる。まるでアッシジの聖フランチェスコのようではないか。キリスト教に疎かった私も、なぜか小鳥と話したというこの中世の聖人のエピソードは記憶にあったのである。

しかし、鳥の心が分かるなんて、そんな馬鹿なことがあるのだろうか？　鶯以外の鳥については、カラスの話も聞いたことがある。また鳥以外の動物、例えば犬などとのコミュニケーションについてもよく話してくれたので、ついに私は、この人は動物の心が分かるのだと思うようになった。砂澤のこの能力を知ったことは、後日、砂澤の霊能力について考えるうえで大きなヒントになった。

テレパシーの持ち主

お山をする意味はこの頃はよく分からなかったが、のちにお山とは稲荷山の略で、「お山をする」とはお塚や神蹟に参る一種の聖地巡礼であり、また山中で「行《ぎょう》」をすることだと知った。

砂澤は道中で、お山にはたくさんの神様がおられ、いろんなことを教えてくださいますと言った。この話から、稲荷山が霊山であり、稲荷信仰は多神教であることが分かった。

また砂澤は、お山ができる人はほとんどいませんと言った。これは、行ができて神様の教えを直接聞くことのできる人はほとんどいないという意味だとのちに分かった。

御膳谷《ごぜんだに》のお塚に着くと、砂澤は六基のお塚を順繰りに拝み始めた。砂澤はお塚の前で持参したビニールを敷き、お供えをし、お灯明《とうみょう》を上げてから、ひとりで祓詞《はらへことば》や大祓《おお》詞、般若心経《はんにゃしんぎょう》を唱え続けた。私は座る場所がなかったので、砂澤の後ろに立って手だけ合わせていた。祝詞《のりと》を知らなかったのだ。

参道を歩いている時は春の兆しが感じられたが、御膳谷は谷間なので陽が差さず、底冷えがした。私は砂澤のしていることがまったく理解できなかったので、「なんでこんなつまらないことをやってるんだ。寒いな。早く終わらないかな」と内心で思っ

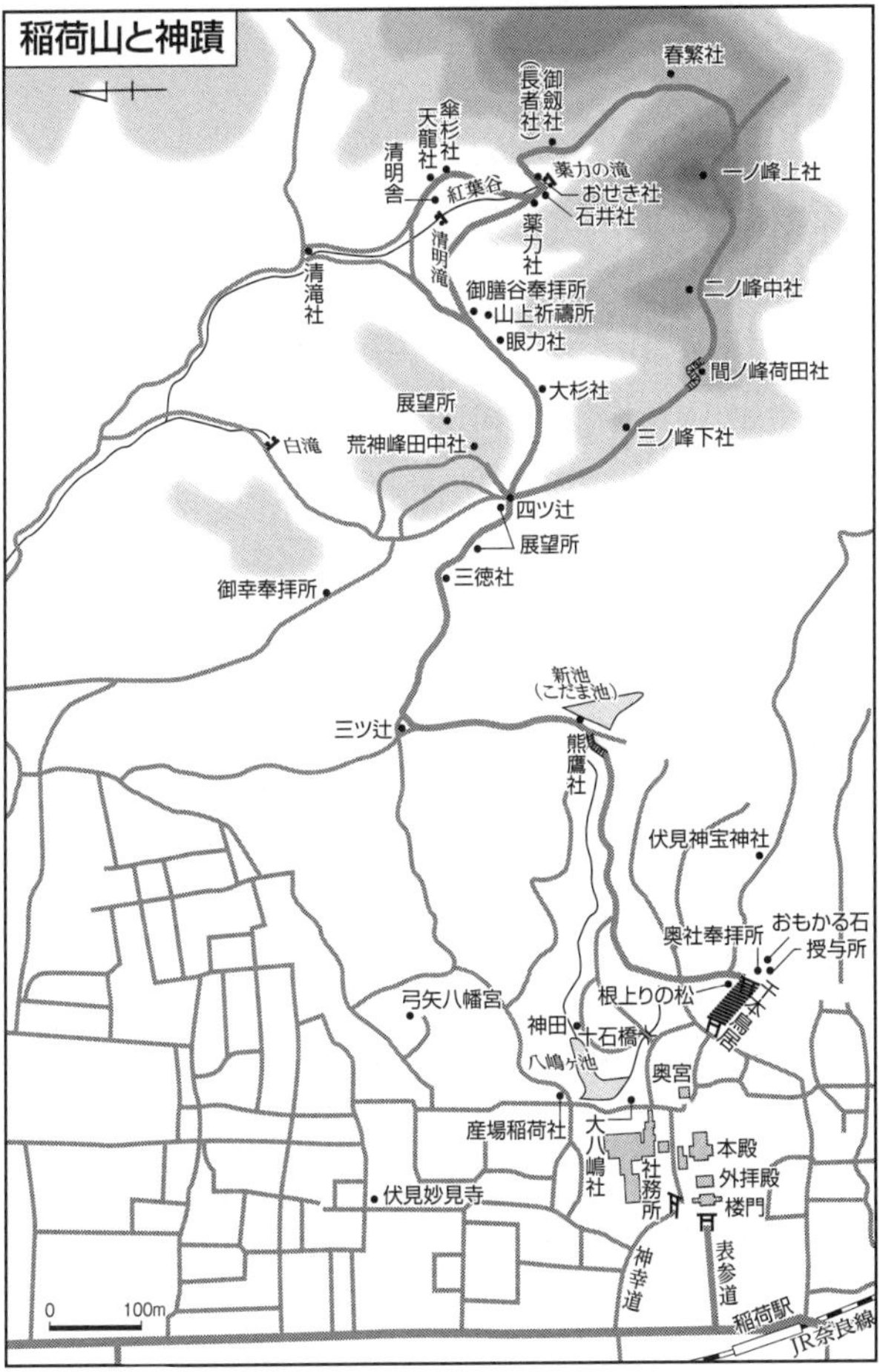
稲荷山と神蹟
春繁社
御劔社（長者社）
傘杉社
天龍社
清明舎
紅葉谷
薬力の滝
おせき社
石井社
薬力社
清明滝
一ノ峰上社
清滝社
御膳谷奉拝所
山上祈禱所
眼力社
二ノ峰中社
間ノ峰荷田社
大杉社
展望所
白滝
荒神峰田中社
三ノ峰下社
四ツ辻
展望所
三徳社
御幸奉拝所
新池（こだま池）
三ツ辻
熊鷹社
伏見神宝神社
おもかる石
奥社奉拝所
授与所
根上りの松
千本鳥居
弓矢八幡宮
神田
十石橋
八嶋ヶ池
奥宮
産場稲荷社
大八嶋社
本殿
社務所
外拝殿
楼門
伏見妙見寺
神幸道
表参道
0
100m
稲荷駅
JR奈良線

ていた。なにしろひとつのお塚を拝むだけで三十分ほどかかり、それを六回繰り返すのだからたまらない。私がそう思った瞬間、砂澤は祝詞を上げるのを中断して私のほうを振り向き、「あんた、今、寒いな、早く終わらないかな、と思ったでしょう。しっかりしなさい」と恐ろしい形相で怒った。

心の中で思っていたことを的中され指摘されたので私はうろたえた。ひょっとするとこの人は人の心が読めるのではないか。そうだとすれば、これはテレパシーだ！　超能力の世界に疎《うと》い私もさすがにテレパシーという言葉は知っていた。私はテレパシーの持ち主はSF小説の世界にしかいないと思っていたので、目の前にその能力の持ち主がいることが信じられなかった。

だが、ただ神様の声が聞こえてきて私の心が分かったのかもしれないと考え直した。しかし、のちに類似の場面を幾度となく実見したので、この人はテレパシーの持ち主だと確信するようになった。テレパシーは霊能力のひとつだったのだ。

例えば、砂澤は進学などの相談を受けた時、親の意向よりも子供の希望を尊重する傾向があった。その時「いつも本人の希望を私が先に言い当ててしまうので、本人はびっくりするんです」と砂澤は言った。これは子供の心が読めるということだろう。

また砂澤は、電話がかかってくるとそれだけで、受話器を取らないうちにその人がどういう人であるかや用件が分かるとも言った。これも明らかにテレパシーである。

ところで、鳥や犬の心が分かるというのも一種のテレパシーではなかろうか。人間かその他の動物かの違いがあるだけで、どちらも生き物であることには変わりはないからだ。

託宣と予言

砂澤はあるお塚の前で祝詞を唱え終わったあとで、「うん、うん」と頷《うなず》くと、「ありがとうございました」と礼を述べ、私のほうを振り向いてこう言った。「がんばんなさい。その時が来たら力になると神様はおっしゃっています」。砂澤は私のことを拝んでいてくれたのだった。

砂澤はこのようにお塚で拝んでいる時、同行した人に何かを告げることがよくあった。お告げ、一種の託宣《たくせん》である。これは古来、神殿で巫女がやっていたことだが、お塚の前でも同じことが行われていたのだ。このお告げも稲荷のオダイの大きな特徴で、稲荷の神は託宣神なのである。砂澤はお塚で御祈禱して、聞こえてきた神様の言葉を信者たちに告げていた。

砂澤は神様の言葉を伝える預言者だった。予知や予言は砂澤の大きな特徴だった。砂澤は常に予知や予言をしていたが、よく当たった。私の場合はこれまで百発百中だった。砂澤は神様の言われることは全て本当だと豪語していた。人間は嘘ばかりつくが、神様は嘘はつかれませんとも言った。

驚くべきことだが、砂澤は常に断言した。その言葉に迷いは微塵《みじん》もなかった。この自信は一体どこから来るのだろうかと不思議に思った。長年の経験から自分の言葉に相当自信があるようだった。

この予知と予言も霊能力の一種である。予言が正しいかどうかを確認すれば霊能者として偽物か本物か判断できると、砂澤を見ていて思うようになった。優れた霊能者の予言は当たるのである。反対に曖昧なことを言っている霊能者は能力が低いと見ていいだろう。

予知・予言は霊能者の命綱である。信者はその正確さを求めているからだ。人が霊能者を信用するのはよく当たるからだ。信者は予言が当たればそれで満足なので、ひとたび当たらないとなると掌《てのひら》を返したようにそばに近寄らなくなってしまう。その意味でこの仕事は当たらなければ続けられない恐ろしい仕事なのである。決して生半可なことでできるものではない。

砂澤は予言の正確さに命を懸けていた。そのために若い頃から激しい行を積んでいた。砂澤の優れた能力は激しい行の賜物《たまもの》だったのである。

11　夢告と人助け

阪神淡路大震災の奇妙な話

三月二十七日、稲荷山から下りてくると、夜に話を聞いた。この時、砂澤は一九九五年の阪神淡路大震災の話をしてくれた。

砂澤は揺れが始まるとすぐに外に飛び出したので無事だった。砂澤の住まいは震源地とは百八十キロほど離れていたので、揺れは神戸などに比べると小さかった。

神戸の近くの揺れの大きかった地域に、砂澤の信者が数名住んでいた。この人たちも全員無事だった。ところがこの人たちは奇妙な経験をして助かっていたのである。

例えば、地震当日の早朝、神戸に近い西宮《にしのみや》に住んでいたある信者の場合は、夢に砂澤が現れて、「反対の方角に頭を変えて寝ろ」と言い、「危ない」と手を振って消えた。この人は変な夢を見たと不安になり、電気コタツの反対側に体の位置を変えて再び寝た。するとその直後に地震が起き、最初に寝ていた場所に物が倒れてきた。しかし、位置を変えていたために、寝ていたところには何も倒れてこなかったので助かったという。

このような奇現象は「夢告《むこく》」という。もともとは神様が夢に現れて何かを告げることだった。夢告も霊能力のひとつである。砂澤は人の夢に現れて警告することがときどきあった。

震災の時ではなかったが、ある人の自宅で石油ストーブが倒れて火事になった時、上から布団が落ちてきて火元にばさりとかぶさり、消火したという。布団が自ずから動いたのである。このように災厄を逃れられることは「除災稲荷《じょさいいなり》」という。

地震の例でも分かるように、砂澤の霊能者としての特徴は人助けにあった。人助けといっても、命が助かることもあれば、倒産を免れたとか、病気が治ったとか、志望校に合格したとか、様々である。

人助けの例をもう少し挙げておこう。ひとつはノイローゼ患者をわざと自動車事故に遭《あ》わせて長期間意識不明にさせ、完治させたという奇妙な事件である。眠らせないでおくと、自殺しかねなかったので荒療治したのだという。この自動車事故も神様が起こされたのだと砂澤は言った。とすれば、神様は事故も故意に起こすことができることになる。

また借金が返済できなくなり、その日の仕事が見つからなければ首をくくらなくてはならなかった人が、砂澤に仕事が見つかる場所を教えられて、命がつながったという話もある。

砂澤はこのような話をずいぶんしてくれた。

人助けができる人は霊能者として本物である。換言すれば、霊能者とは人助けができる人なのである。

霊能者に人助けができるのは、先のことが分かるなど様々な霊能力を持っているからだ。また、人助けという無私の仕事をすることで霊能者は霊格が高まると言われている。霊能者を選ぶなら、人助けのできる力があるかどうかを見極めてから選んだほうがいい。

砂澤の生涯は無数の人助けに彩られていた。

衣食住の神様

砂澤はこの日も、稲荷信仰について話してくれた。

砂澤は、世間ではお稲荷さんのことを商売の神様だというが、実は衣食住の神様で、人間に着る物や食べる物、住む所を与えてくれるのだと言った。

その一例として、砂澤は自分もそうだったと話してくれた。砂澤は終戦直後に満州（現・中国東北部）から引き揚げてきたが、それから仕事がなくて困っていた。何をやってもうまくいかなかった。そのとき神様に、自分を祀ってくれたら他の仕事はしなくても一生衣食住を与えると言われ、そうしてみるとその通りになったという。

稲荷神が商売の神様であることは有名で、多くの会社が構内や屋上などに稲荷神を祀っている。しかし稲荷神が商売繁盛の神様であることが顕著になったのは江戸時代になってからのことで、もとは食物神だったのである。つまり稲荷の神は農業神や漁業神として祀られていたのだ。現在も伏見稲荷の主神のひとつは「宇迦之御魂神《ウカノミタマノカミ》」という穀霊《こくれい》とされている。

私はそれまで神様はいないと思っていたので、稲荷神がどのような神様なのか考えたことがなかった。しかし、その後、稲荷の神はこのような役割に収まりきらない多彩な働きをすることや、日本の神様には役割分担があることが分かってきた。

砂澤はこの時、お稲荷様を祀って商売がうまくいった人の話をいくつか話してくれた。二月一日に砂澤と伏見稲荷に来ていた上田さんもそのひとりだった。上田さんは小さな会社の女社長だったが、熱心にお塚に参っていた。砂澤は「あの人はお塚に参るたびに仕事が入ってくるので、いつも涼しい顔をしておられます」と言った。

砂澤はまた稲荷信仰は「白狐とミーさん」だと奇妙なことを言った。稲荷信仰と狐が関係があることは知っていたので狐は変に思わなかったが、白狐は腑《ふ》に落ちなかった。日本には白い狐などいないからだ。

さらに不思議なことに、砂澤の話には黒い狐まで出てきた。砂澤は修行のできていない眷属《けんぞく》さんは黒い色をしていて、修行のできていないオダイにつくと言った。白狐も変だが、黒狐はさらに変である。それに眷属とは何か。

砂澤は「稲荷山には千体以上の神様がおられるが、最近は人間が怖いと言って穴から出てこられません」と不可解なことも言った。狐の穴は昔なら稲荷山にもあっただろうが、現在もあるとはとても思えなかった。

白狐にもまして奇異に感じたのは「ミーさん」だった。最初、ミーさんは何を意味しているのか分からなかったが、のちに蛇のことだと分かってきた。「ミ」とは「巳《み》」で、蛇の意味だったのだ。蛇といっても蛇霊《じゃれい》のようだった。またこの人がよく使う「龍神」も同じ意味なのかどうかは長い間分からなかった。

砂澤は、龍神は蛇の年老いたもので、お山は龍神信仰ですと言った。稲荷信仰といえば狐だが、龍神は初耳だった。しかし観察していると、稲荷信仰とミーさんは関係が深いことに気がついた。例えば、稲荷山のお塚には「清龍大神」や「玉龍大神」など、「龍」の字のつく神様がたくさん祀られていた。これらは全て龍神である。

砂澤が御膳谷に作ったお塚にも龍神が祀られていた。砂澤はお山をする時、最寄りの茶店でゆで卵をたくさん買って、自分のお塚に供えていた。ある時その理由を尋ねると、ミーさんの大好物ですと答えてくれた。実際に卵は蛇の好物である。

稲荷信仰とミーさんの関係が深いことは、伏見稲荷が出している御神符《ごしんぷ》（お札）でも明らかである。お札には狐と蛇が描かれているが、蛇は米俵《こめだわら》に乗っている。稲荷信仰が白狐とミーさんであることを知らないと、この絵の意味は解けない。

狐も蛇もよく分からなかったが、それ以上に困ったのは、砂澤の言っている神様がそもそも何なのかさっぱり分からなかったことだ。当時、私は西洋流の唯一絶対神という抽象的な神概念しかなかったが、砂澤の言う神様と西洋の神様は根本的に違っているように思われた。

砂澤の話を聞いていると、神様が人間みたいに感じられてくるから不思議だった。西洋のようにものを言わない抽象的な存在ではなく、まさに生きているように感じられるのである。私は日本の神様とは何だろうと初めて疑問を抱いた。日本の神様が理解できなければ、稲荷信仰の意味は分からない。

話し終えた砂澤は、「しばらくしたら、また話します。明日は本社で用があるので相手はできません」と言った。私は翌日の午前中に宿舎を出た。

12　現代の駆け込み寺

無知を思い知る

一九九八年の二月二日と三月二十六、二十七日に録音した談話は、かなりの分量になった。だが話はあまりにも多岐にわたっており、しかも分からないことが多かったので、何も書けそうになかった。この時になって、私は自分の見通しの甘さに気づいた。それまでは、ただ聞いた話をまとめればいいと軽く考えていたからだ。

しかし、ずいぶん話を聞いたのに何も書かないのは失礼かと思い、試しに短いものを書いて送ってみることにした。だが、何も反応は返ってこなかった。

私は砂澤の話を理解するには、自分に基礎的な知識があまりにも欠けていることに気づいた。それは、戦前・戦中・戦後の日本の歴史や社会、日本の宗教、特に稲荷信仰や真言宗と空海《くうかい》、霊能者、霊能力に関する知識だった。そこでこれらのことを調べてみることにしたのだが、門外漢ゆえ、どのような本を読めばいいのかまったく見当がつかなかった。

相変わらず砂澤からは連絡がなかった。何かあったのだろうかと心配になった。

私はアルバイトをしていたが、なぜか自分の本を書いてみようという気になった。あれほど関心がなかった原稿を書く仕事をやってみる気になったのだ。それはウォーキングの本だった。私は二十年近く会社の行き帰りに歩いていたので、ウォーキング・ブームだったこともあり、そのことを書いてみようと思ったのである。だが前回とは打って変わり、少しも書けなかった。

日本は夏に参院選があり、消費税を五％に引き上げたことが不評を買い、自民党は惨敗した。橋本内閣は退陣し、小渕恵三《おぶちけいぞう》内閣になった。小渕首相は不良債権処理に追われた。

砂澤から久しぶりに連絡が入ったのは秋になってからのことだった。昨年同様、講員大祭で伏見稲荷に行くから出かけてくるように言われた。講員大祭は年に一度の講員のための祭りで、昔なら秋の収穫祭や秋祭りに相当するだろう。

霊能者の多忙な生活

私は十月上旬に伏見稲荷に出かけた。この時もまた話を聞くつもりだったので準備をして出かけたのだが、多くの人が来ており、話を聞く機会はまったくなかった。しかし原稿を書くうえでヒントになりそうなことを発見した。

砂澤と信者のやりとりをそばで聞いていると参考になることが分かったのだ。話の端々から砂澤の霊能力の一端がうかがえたのである。しかもその人たちの中に、これまで砂澤の話に出てきた人がいることにも気づいた。これは砂澤の話の裏を取る意味で役に立った。

だが、長く居ても話が聞けそうになかったので、翌日、退散してしまった。私が帰ろうとすると、砂澤は「改めて連絡します。五月に主人が倒れて入院したので、忙しくて連絡できなかったのです」と言った。この時、私は何気なくこの話を聞き流してしまったのだが、それは砂澤にとって、のちの生活を左右する重大な事件だったのである。

五月に夫が倒れてから、砂澤は私の件どころではなくなっていたのだった。砂澤はあるジレンマを抱えていた。夫を看病すると、病院に張り付かなくてはならず、神様を祭る仕事ができなくなってしまうのだ。そこで看病は義理の息子たちに託し、自分は神様の世話をすることにした。

しかし、夫が受け持っていた神社の世話や雑用、そして支部の仕事などが全て自分に降りかかってきてしまった。つまり砂澤にとって日々の仕事が二倍に増えてしまうという非常事態が立ち上がったのである。砂澤は従来の仕事に加えて、これらの仕事に忙殺されるようになった。

当時、私は砂澤の生活をよく知らなかった。つい先日まで会社勤めをして給料をもらっていた私は、会社勤め以外の仕事をしている人たちの生活が想像できなかった。ましてや神様を祀《まつ》って生活している人の生活がどのようなものか、まったく見当がつかなかった。神主さんのイメージからして、暇で優雅な生活なのだろうと軽く考えていた。

ところが砂澤の生活はそんな生《なま》やさしいものではなかった。砂澤は何十年も前から睡眠時間四時間という多忙な生活を送っていた。毎日欠かさずに神様を祀るという仕事に加えて、日々人の相談を受け、信者の家を回り、神社の仕事をし、毎月のように伏見稲荷に参って数日間は滞在し、支部の祭りを信者を集めて行い、家族の世話もしなければならなかった。そのうえ、人がよく訪ねてくるし、のべつまくなしに電話がかかってきた。深夜でも信者から相談の電話がかかってくるし、その他の依頼も入るのである。寝ている時間などなかったのだ。

かかってくる電話の内容は、当然のことながらよくないことが多かった。他にかけるところがないからかけてくる電話にろくなものはない。警察に持ち込むような事件が砂澤のところに持ち込まれてくるのである。それを砂澤はひとつひとつ解決していた。

例えば、行方不明者もそのひとつだった。砂澤は先のことだけでなく、現在のこと、しかも遠く離れていて肉眼では見えないこともよく分かった。行方不明者がどこにいて何をしているかまで答えることができた。

この能力は今日では「遠隔透視」と呼ばれているが、明治時代には「千里眼《せんりがん》」として知られた。千里眼は当時、流行現象になった。

砂澤は失踪者捜しの依頼も時々受けていた。テレビではよく透視して行方不明者捜しなどをやっているが、まず見つかった試しがない。しかし、砂澤は今どこそこを歩いているとはっきり答えることができた。

砂澤の場合、行方不明者捜しは透視によるものなのか霊聴によるものなのか、私には判別できなかった。私が初めて伏見稲荷に行った時、連絡もしていないのに私が来たことが分かったのも、このどちらかの能力が働いたのだろう。

砂澤のところへは警察も相談に来た。警察官は「よろずや」という看板を出したらどうかと砂澤に勧めた。

他人のための人生

私はこのような話を聞くにつれて、砂澤は「現代の駆け込み寺」なのだと思った。砂澤は、午前中は人の相談を正式に受けながら、裏ではこのような相談事にも対処していたのである。これもまた砂澤の人助けの一環だった。

砂澤はのべつまくなしに人間の悩みや業《ごう》を一身に浴びていた。よく耐えられるものだと感心したが、相当に強くなければできない仕事である。

砂澤は強靭な精神力の持ち主だった。気が強く、何事にもへこたれなかった。砂澤は自分には何も怖いものがないと豪語していた。その人格の強さは砂澤の魅力だった。信者はその強さに魅かれたのだろう。砂澤には強烈なカリスマ性があった。この強さは、どのような激しい行《ぎょう》を積もうとも死ななかったという自信と、過去の幾多の困難を乗り超えてきた自信から生まれたものだろう。

砂澤は十分寝る暇もない生活をしていたが、伏見稲荷に来ると電話に追いかけられることがないので久しぶりにゆっくり休めると喜んでいた。ところが、朝になると、神様が来られて話されるのでろくに眠れなかったとこぼすことがよくあった。

私はのちに短眠も行のひとつであることを知った。人間には睡眠欲がある。それを削るのだから、これは肉体の欲を断つ行為だった。霊能者の中にはほとんど寝ない人もいる。

いずれにしても、特殊能力の持ち主は楽には生きられないようだ。砂澤は常に人に追いかけられ、私のような凡人のようには生きられない運命を背負っていた。砂澤は「私の人生は人のためにあって、自分の人生はないんです」と言った。

13　シャーマンと念力

現存していたシャーマン

一九九八年の秋に伏見稲荷に行ったあと、砂澤から連絡が入ったのは十二月に入ってからだった。次回は正月に来るように言われた。

世間では、前年の選挙で自民党が負けたので、自由党との連立政権が合意されたばかりだった。日本長期信用銀行などが国有化され、世の中はバブル崩壊のつけに苦しんでいた。

一九九九年の元旦に伏見稲荷に出かけた。正月の伏見稲荷は初めてだった。境内は初詣《はつもうで》客で賑わっていた。

参集殿《さんしゅうでん》の部屋に入ると、砂澤と上田さんがいた。昨夜は徹夜で年賀状を書いて、そのままやってきたのだという。砂澤は、お正月は毎年来ているが最近はとみに初詣客が少なくなったと嘆いた。

新年の挨拶をすませて雑談をしていると、上田さんが奇妙なことを言った。「お祭りの時、先生に神様が降りてこられるんですよ。すると普段はお酒を召し上がらない先生が、一升瓶を何本も空けられるんです。そして元に戻られると、けろっとしておられるのです」

このお祭りは砂澤が支部長をしている三丹支部の祭りだった。砂澤は伏見稲荷にいる時とは違う面をここでは見せていたのである。

上田さんの話を聞いて、砂澤はひょっとしたらシャーマンではなかろうかと思った。シャーマンは今も生きていたのかといささか興奮した。過去の存在だと思っていたからだ。近代化した今日の日本に生存しているとは想像もしていなかった。

砂澤に神様が降りてくることは、その後、何度か耳にした。降りてくる神様はその都度、違った。

上田さんは「神様が降りてこられると、先生は生卵を割らずに何十個も食べてしまわれるんです。後で見ると、卵の殻に小さな穴がふたつ開いているんです」とも言った。これは蛇の食べ方である。ということは、この時、砂澤には「ミーさん」が降りてきていたことになる。

上田さんは「この時、先生は非常にきれいなお顔をしておられます」と付け加えた。砂澤は、「私はこの状態になると、後で何も覚えていません」と言った。これは人格や体質が完全に他の何かと入れ替わってしまうからである。

神様が降りてくると、砂澤は歌ったり踊ったりもするという。後日、ある信者は、「この前のお祭りはすごかった。お不動様が降りてこられて大暴れされた」と話してくれた。なんと神道だというのに仏様まで降りてこられるのだ。こうなると天《あま》の岩戸《いわと》の世界である。

シャーマンはこのように、神様の存在を間接的に他の人たちに見せることができる。人びとはそれによって神様がおられることを実感するのだ。三丹支部の信者たちは神様の存在を信じていたが、砂澤には人にそれを信じさせることができる力があった。

砂澤が我を忘れてしまうのは、専門用語で言うと「エクスタシー」である。この状態は「神がかり」ともいう。シャーマンが神がかりになると、かかった神様が託宣《たくせん》する。

古典文学によく「神がかり」という言葉が出てくるが、私はそんなことは嘘に決まっている、単なる比喩に過ぎないと思っていた。しかし、目の前に実際に神がかりをする人がいたのである。私はこの言葉を初めて実感をもって受け止めた。

憑霊型のシャーマン

シャーマンは人類とともに古い存在である。先史時代にすでにその存在が確認されている。シャーマンは漢字では女性の場合は「巫」、男性の場合は「覡」を当てる。今の巫女《みこ》さんは神社の手伝いで霊能力はないが、昔はシャーマンであり祭司だったのである。神道はかつてシャーマニズムだった。そして砂澤の話から稲荷信仰はシャーマニズムであることが分かった。

シャーマンは霊能力があり、超自然的なものと交流できるとされている。

シャーマンの研究書によると、シャーマンにはふたつのタイプがある。ひとつは脱魂型で、霊体が体を離れて出て行くタイプである。ヨガの行者などでよくいるが、北方型のシャーマンにはこのタイプが多いとされている。

もうひとつは憑霊《ひょうれい》型である。これは霊が寄ってくるタイプである。神様がかかるのもこのタイプで、砂澤は憑霊型のシャーマンだったのである。

シャーマンがどちらのタイプに属するかは、体質によって決まるという。ちなみに日本人は憑霊型の人が多い。しかし従来の研究書には憑霊型の研究が少ない。また日本のシャーマニズム研究は、東北の「イタコ」や沖縄の「ユタ」が中心で、稲荷の「オダイ」を研究の対象にしたものはほとんどない。だが稲荷のオダイは、かつては関西を中心とするシャーマンの大きな集団だったのである。

砂澤は神様がかかると体質が変わってしまうので、普段とは違うことをした。例えば、普段は酒がまったく飲めないのに、お祭りになるといくらでも飲んでしまう。それで信者は体のどこに入っているのかと不思議がって喉の辺りをしげしげと見つめたという。

奇妙な物理現象

三丹支部のお祭りでは、奇妙な物理現象も起きた。ある信者がお祭りに出るためにお供えの一升瓶を自転車に積んで自宅を出たところ、着いて見ると瓶の中身が半分ほどに減っていた。不思議に思って確認すると、栓は開いていなかった。中身が漏れた形跡もなかった。

こうしたおかしな物理現象が霊能者の周りで起こることがある。このように現実に物理的な力を加えないのに物が動いたり変化したりする現象は、専門用語では「ＰＫ現象」と言われている。ＰＫはサイコキネシス（psychokinesis）の略である。ＰＫ現象は霊能者の特徴で、この現象を起こすＰＫ能力は霊能力のひとつである。念力ともいわれている。

ＰＫ現象では、例えば瓶の口の直径より大きいコインが瓶の中に入ったりする。奇術でも似たようなことをするマジシャンがいるが、その場合はトリックである。しかし霊能者の場合はトリックではない。

この日、砂澤は小さな額に入れた写真を持参しており、見せてくれた。写真にはくねくねしたものが写っていた。

　砂澤は、この写真は一九八九（平成元）年の一月五日にお塚で撮ったものだと言った。当日早朝、神様が面白いものがあるから上まで上がって来いと言われたので上がっていくと、前日供えたお灯明《とうみょう》の蠟燭《ろうそく》が融《と》けて蛇の形になっていた。しかも腹の部分は白いうろこ状になっており、朝日にきらきら輝いていた。また目には小さな点がふたつ付いていた。砂澤はこれは珍しいと思って、写真に撮って額に納めた。

　平成元年といえば、巳年《みどし》である。つまり「ミーさん」の年である。これもまた物質が思わぬ変化を起こすという点では、一種のＰＫ現象である。お塚には神様がおられるので、この変化は神様が起こされたことになる。

　このエピソードは稲荷山が蛇信仰であることをよく表している。お塚ではこのような奇妙なことがよく起きた。

14　神様と出会った霊感少女

透視と過去知

一九九九年の元旦に話を聞いた時、砂澤は突如、「私は子供の頃、霊感少女だったんです」と言った。驚いたことに、砂澤は幼い頃から霊感があったのだ。しかし、霊感少女といっても、四葉のクローバーが探せるとか霊が見えるというようなレベルではなかった。

砂澤は子供の頃、すでに透視能力があった。例えば財布の中身が見えたという。私がどのように見えるのかと尋ねると、砂澤はお金の姿形が具体的に見えてくるのだと言った。

これはすでに述べた「千里眼《せんりがん》」とは異なる種類の透視である。千里眼は肉眼では見えない遠隔地のものが見えるのだが、この透視はものに遮《さえぎ》られていて肉眼では見えない近くのものが見えるからだ。だが、これらの能力は原理的には同じである。

砂澤が透視したことを大人に告げると、金額を当てられた人はびっくりしてしまい、おまけにパチンコで負けたことまで言われ、さらに驚いたという。パチンコで負けたことは過去の出来事なので、砂澤は過去のことも分かったことになる。これは「過去知」という霊能力である。

砂澤のこの能力は大人になってからも健在だった。例えば、亭主が麻雀で負けてお金を取られて黙っていても、すぐに負けた金額まで当ててしまうのだった。霊能力のある女性を奥方にすると男は何かと大変である。

また、透視かどうか分からないが、砂澤は妊娠している牝牛《めうし》の胎児が雄《おす》か雌《めす》かも当てることができた。当時、砂澤の住んでいた兵庫県の但馬《たじま》地方は畜牛が盛んで、多くの農家は牛を飼っていたため、雌が生まれると喜んだ。高く売れるからだ。生まれてくる子牛が雄か雌かは農家の最大の関心事だった。砂澤のところには農家の人がそのことをよく尋ねにきたという。

この能力は、胎内が見えていたのなら胎内透視だろうが、見えていなかったなら霊感とでもいうしかないだろう。

砂澤のこの能力は大人になっても残っていて、時々発揮された。砂澤は人の相談を受けるようになっても、女性が妊娠しているか、また生まれてくる子供が男の子か女の子かも分かった。今では超音波検査などでかなり正確に胎児の性別が分かるようになったが、つい最近までその診断は難しかった。そのために昔は、砂澤のこの能力がありがたがられた。

霊触と直観

砂澤は霊聴の能力も子供の頃からあった。砂澤が近くの神社で遊んでいると、時々祠《ほこら》の中からカランコロンと音がした。誰か来たなと思っていると、声が聞こえてくる。しかし辺りを見回しても誰もいない。その姿の見えない声の主は、紙垂《しで》（注連縄《しめなわ》や玉串などの下に垂らす特殊な断ち方をした紙）の作り方などを教えてくれた。

砂澤は子供心に最初は気味が悪かったが、何度もこの体験をするたびに、やがて声の主は神様なのだと確信するようになった。また何でも知っている神様というのは便利なものだと思った。これが砂澤の神様初体験である。こうなるともう民話の世界である。

この体験談ではさらに面白いことが分かった。砂澤には見えない力を感じる能力があったことだ。砂澤は、神様が来られると、後ろからぽんと肩をたたかれると言った。砂澤は見えない手が触れるのを感じる能力があったのだ。これが本当だとすれば、霊界にも触覚があることになる。この感覚を表す適当な言葉が見つからないので困っているのだが、霊視に対応する言葉を考えるとすれば「霊触」だろうか。

砂澤は子供の頃にすでにテレパシーの能力も持っていた。学校を監視している視学官が訓話を述べようとした時、砂澤がその話を先取りして言ってしまい、視学官が驚いたという。

砂澤は子供の頃、こうした能力は誰でも持っているものだと思っていた。ところが周りの人があまりにも不思議がるので、自分は特殊なのだと気がついたという。

これらのエピソードから明らかなように、砂澤は子供の頃すでに基礎的な、しかもかなり高度な霊能力を持っていた。成人後の砂澤の霊能力は幼児期の素質をもとに厳しい行《ぎょう》によって開発されたものだったのである。

砂澤は基礎的な霊能力があったので、成人後に本格的な行を始めると、他の人よりも格段に進歩した。幼少期にこのような能力のない人でも、行を積めばある程度の霊能力は身につくとされている。だが、そういう人たちは進歩が遅い。

砂澤は霊感が非常に強かった。のちに霊感とは霊の持っている感覚のことで、霊能力の基礎であることを知ったが、私が最初テレパシーだと感じたお塚での出来事も、電話が鳴れば誰であるかが分かるし用件まで分かってしまうことも、霊感の強さのなせる技だったのかもしれない。霊感が強ければ何でも分かってしまうようだ。つまり神様に教えてもらわなくても、砂澤には霊感で分かることがたくさんあったのである。

その霊感の強さを示す事例をひとつ挙げてみよう。一九六六（昭和四十一）年、砂澤はある信者の結婚式に呼ばれていた。式が終わった時、砂澤は目の前が真っ暗になり、深い所へ落ちていく感覚に襲われた。そこで新郎新婦が新婚旅行に出かけるのを強く止めた。その直後に、四国の松山沖で全日空の旅客機が墜落し、乗客全員が死亡した。なんと新郎新婦はこの飛行機に乗る予定だったのである。ちなみに乗客には新婚旅行に行く新郎新婦が十二組含まれていたという。

これは直観といってもいいだろう。霊能力は直観であり、霊感と不可分な能力なのである。

15　歩行行と座行

霊能力を高める「行」

一九九九年の一月三日は、早朝から信者が砂澤を訪ねてきた。信者たちは家族でお正月を祝ってから出かけてきたのだった。

翌四日、砂澤は信者を連れてお山をした。砂澤は元日で七十七歳になっていたが、急な坂道も息を切らすことなく上っていった。年下の男たちがハアハアとつらそうに息を切らしているのとは対照的だった。恐るべき体力だった。

砂澤の歩き方は少し変わっていた。ひとりの時は歩きながら般若心経や「六根清《ろっこんしょう》浄《じょう》」を唱え続けるのである。これは修験者《しゅげんじゃ》の歩き方と同じである。

砂澤はその十五年ほど前に神様に言われて自宅の周りを歩くことを始めたという。

十五年ほど前といえば、一九八三年頃である。砂澤は「神様は何でもよく知っておられます。いつも神様が言われてから、言われたことが世の中で流行り出すことが多いのです」と言った。これは稲荷神の先見力を示している。

一九八三年頃といえば、私が会社の行き帰りにウォーキングを始めて二～三年たった頃である。確かに当時、ウォーキングはまだブームではなかった。だが、同じ歩くことでも砂澤と私とではその目的が異なっていた。私は気分転換や運動不足解消のために歩いていたのだが、砂澤にとって歩くことは行《ぎょう》だったのである。

砂澤は山を歩くことについて、「歩くと精神の統一ができ、動物もお供をして歩くようになります。神の世界に入っていくと、獣も怖くなくなります。獣の世界と一体になれるのです」と言った。これはつまり無の世界に入れる、自然と一体化できるという意味なのだろう。自分が無くなってしまうから、獣もその存在を感じなくなってしまうのである。こういう人は実際にいた。日本初のヨガ行者である中村天風《てんぷう》（一八七六～一九六八）が虎の檻《おり》に入った時、虎は知らん顔をしていたという。

ちなみに山道を歩いて行をしている千日回峰行者《せんにちかいほう》（千日回峰行は比叡山で行われる天台宗の厳しい行）のひとりは、行を続けていると体が獣の体に近くなると言っている。この証言は砂澤の能力の秘密を解き明かす鍵である。砂澤が動物とコミュニケーションができたのも、獣の世界と一体になっていたからだろう。

私はお山をすることに何の意味があるのか、長らく不思議に思っていた。お山をすることは、たんにお塚を拝むだけではなかった。山の中を歩くことや、滝を受けること、断食《だんじき》することなども含まれていた。お塚を拝むことも含めて、これらは全て行だったのである。

ではは行には何の意味があり、霊能力と何の関係があるのだろうか？　最初の頃はその意味がまったく理解できなかった。変なことをしているものだとあきれていた。しかし、しだいにその意味が分かってきた。それは霊能力を開発し、霊性を高めることを目的としていたのである。その結果、行者は神通力を得ることができるのである。

日本では修験道に見られるように、昔から山を歩いて行をするという伝統がある。これは山神と一体化することを目指しているといわれている。山は霊の集まるところで、そこで行をすることは霊力（験力）を身につけることができると考えられていたのである。

では、山を歩くことは実際にはどのような効果があるのだろうか。山を歩くことは全身運動であり、平地にいる時よりも空気をより多く体内に取り入れることができる。山の空気は新鮮だから、プラーナ（気）が町よりも多い。気は霊体に必要な微細なエネルギーで、多く取り入れると霊体が活性化され、霊能力が開発され向上するといわれている。

座行の厳しさ

この日は真冬日で寒かった。お塚の前でごつごつしたコンクリートの上に正座して何時間も祝詞を上げていると、地面から冷気が伝わってきて底冷えがし、寒くて体が震えだした。歯の根が合わなくて困った。声を出すどころではなかった。

しかも正座だからすぐに足がしびれてきて、これにも気を取られ、祝詞を上げることに集中できなかった。祝詞を上げ終わると、足がしびれていてしばらく立ち上がれない。痛くてたまらなかった。

しかし砂澤は平気だった。祝詞を上げ終わると、何事もなかったかのように立ち上がって、次のお塚へと移動した。砂澤はこのような悪条件の中で何時間でも正座していても足が痛い素振りは見せなかった。恐るべき「座力」だった。

私はのちに正座も行のひとつであることに気づいた。正座による足の痛みを忘れるほど祝詞を上げることに集中できるようになれば、我を忘れることができる、つまり無の境地に入ることができるのである。

砂澤は長年山中で座行を続けていたので、足は地面の凹凸や小石が肌に食い込んで傷だらけだった。

この座行は「寒い、暑い、痛いなどと気にしていたのでは、できません」と砂澤は言った。そういう感覚を忘れてしまうぐらい祝詞を上げることに集中できるようにならないと、何も分からないのだという。座行は簡単なように見えても、生やさしいものではないのである。

砂澤は声を出すことに集中していると無になれ、神様の声が聞こえてくると言った。祝詞は滝行の時も上げるので行には必須で、祝詞を上げること自体が行なのである。般若心経を上げていると神様が降りてこられる人もいる。

砂澤は朗々とした張りのある声だった。よほど鍛え上げたにちがいない。砂澤は若い頃、祝詞を上げ過ぎて血を吐いた。喉が破れたのである。そのおかげで以後、いくら祝詞を上げても疲れなくなったという。

お塚で祝詞を上げ終わった後で、砂澤はよく信者に予言や忠告をすることがあった。しかしこの日は少し違った。今年、日本はこうなりますという意味のことを言った。それは年頭にふさわしい予言だったが、漠然としており、私にはよく分からなかった。

翌五日は、御膳谷で催される大山祭についていった。この祭りは古式豊かな祭りだった。

16　探しものと遠隔透視

井戸の水脈当て

一九九九年は正月についで二月に再び話を聞いた。

二月十日の夕方に伏見稲荷に着くと、初午祭《はつうま》の最中で、境内は多くの人で賑わっていた。初午祭は和銅《わどう》四（七一一）年二月七日 壬 午《みずのえうま》の日に稲荷神が鎮座されたことを記念する伏見稲荷で最も由緒ある重要な祭りである。「験《しるし》の杉」が授与されるのが有名である。

この日の夜、私は宿泊のために参集殿の大部屋のひとつに入った。この時、何人かの男性の信者たちと相部屋になった。信者たちは雑談を始め、その中の年輩のひとりが、下に行って酒をもらってこいと若い人に命じた。酒が来ると酒盛りになった。

酒をもらってこいと言った人は赤ら顔で、いかにも酒が好きそうだった。この人は飲み始める前に胃薬のようなものを飲んでいた。薬まで飲んで酒を飲まなくてもいいのにとおかしかった。市川さんといい、よくしゃべる人だった。

　私にも飲めというので、座に加わることにした。すると市川さんは自分の体験談、自分が受けた「おかげ」について話し始めた。「おかげ」は御神徳《ごしんとく》、つまり神様にいただいた功徳《くどく》であり、御利益《ごりやく》である。稲荷信仰は御利益信仰なのである。

　市川さんは農業の傍ら、建築関係の仕事もしていた。井戸掘りも請け負っていた。あきれたことに、井戸掘りの仕事が入ると、砂澤にどこを掘ればいいのか尋ねるというのだ。井戸は、当たりをつけて掘れば必ず水が出てくるものではない。水脈のないところをいくら掘っても水は出てこない。しかも困ったことに、地面の下に水脈があるかどうか分からない。今では温泉の源泉などは地質調査や放射能探査などで調べることができるが、専門の会社に頼むと大きな経費がかかるので、民家の井戸掘りでは使えない。

　井戸を掘り、水を得ることは、昔から人間にとって大問題だった。水がなければ人は生きていくことができないし農業もできない。そのために西洋ではダウジングという怪しげな占いが発達した。ところが砂澤は水が出るか出ないかがすぐに分かるというのだ。

　砂澤は、関西に拠点を置くある宗教団体の教師と水脈を当てる競争をして勝ったこともあった。この時も市川さんが関係しており、砂澤に助けを求めたのだった。

また別の仕事で、市川さんは砂澤の指示通りに指定された場所を掘ったが水が出なかったことがあった。そこで夜に酒を飲みながら砂澤に電話で文句を言った。すると砂澤は「明日になると首が浸かる高さまで水が出るので注意しろ」と答えた。

翌日、市川さんが穴の底で作業をしていると、突然水が噴き出し、本当に首まで浸かってしまった。溺れて死ぬかと思ったと市川さんは真顔で言った。

海底捜索

翌日、砂澤に話を聞いた時、昨夜の市川さんの話は本当なのか確かめてみた。すると砂澤は「本当です。市川さんには水の出るところをいくつ教えてあげたか分かりません」と言った。そして「他の建設会社の人も聞きに来られます」と付け加えた。

砂澤は「水脈を探すぐらいは『ミーさん』には簡単なことです」と謎めいたことを言った。蛇は地面を這っているので、地面の下のこともよく分かるというのだ。

水脈当てではないが、地中から水を湧出《ゆうしゅつ》させたという有名な伝説が各地に残っているのが、弘法大師《こうぼうだいし》空海《くうかい》である。空海が杖で地面をたたくと水が噴き出したといわれている。空海は水に関する伝説の多い人で、雨を降らせたという伝説も残っている。

この時、砂澤は市川さんとミーさんの関係について面白いことを言った。市川さんが井戸掘りという水に関係のある仕事をしているのは、この人の守護神が龍神だからだというのである。人はだてに仕事を選んではいないらしい。

昨夜、市川さんは紀伊《きい》の熊野《くまの》大社に砂澤と出かけた時の話をしてくれた。そこで滝行をしていると、笑いが止まらなくなって困ったという。その話を砂澤に確認すると、砂澤は市川さんの守護神である龍神様が喜んで降りてこられたからだと言った。ミーさんは水神なので滝にもおられるのである。この話で神様は霊能者だけに降りてくるのではないことが分かった。

市川さんはさらに変なことを言った。その時、蜂《はち》に刺されたら笑いが止まったというのだ。まったくこの世界は変な世界である。

砂澤はこの日、水脈探しと似た話もしてくれた。水中に沈んだ紛失物を探し当てたというのだ。どちらも何かで遮られていて見えない物を探すという点では似ている。

福知山市の近くに舞鶴《まいづる》という町がある。ここは港町で自衛隊の大きな基地がある。この舞鶴の海で自衛隊が演習をしていた時、誤って銃を数丁、海に沈めてしまうという事故が起きた。探してみたが見つからないので、関係者の親族が砂澤に捜索を依頼してきた。

砂澤はその時、現地に出向くことができなかったので、代わりに紙垂《しで》を作り、それを海の上に浮かべるように指示した。そして紙垂がくるくる回り始めたら、その下に銃が沈んでいるので調べるようにと教えた。捜索員が言われた通りに実行すると、本当に紙垂が海上でくるくると回り始めたところがあったので、その下にもぐって探してみると、銃が沈んでいたという。水脈探しも水底調査も遠隔透視である。

余談だが、紙垂は紙なのに燃えないこともあるという。

17 見えない力で人を操る

クジを切る

二月十日に伏見稲荷に呼ばれた私は、翌日の午後と夜に砂澤の話を聞いた。しかし毎度のことながら理解できないことが多く、この時も「それはどういうことですか」と待ったを連発してしまった。

すると、いつもは寛容な砂澤もこの日ばかりはとうとう私の呑み込みの悪さにしびれを切らしたのか、相席していた福山さんに「あんた今日はもう一晩泊って行ってよ」と助けを求めた。私の扱いに困ってしまったのだろう。

福山さんとはこの日が初対面だったが、他の信者とはどこか違っていた。砂澤とは仲がよさそうで、この世界にはかなり造詣が深かった。

私は恐縮したが、小学校の算数しか分からない者に高等数学を教えようとしても無理な話で、ついていけるわけがなかった。しかし、この日の話で、砂澤は目に見えない力を使う能力があることが分かった。

砂澤は一九八七（昭和六十二）年頃に山口県を旅行した時の話をしてくれた。福山さんも一緒だった。同行者の中に向井さんがいた。陽気な人でよく冗談を言う女性だった。旅先の旅館で宴会になった時、向井さんがあまりにも騒ぐので、少し静かにさせようと思い、砂澤は「クジ」を切って向井さんを動けなくしてしまった。向井さんはそのまま宿を出るまで動けなかった。砂澤はクジを切り、人を動けなくすることができたのである。

私は最初、この「クジを切る」という意味がまったく分からなかった。そこで「クジってなんですか？」と尋ねた。すると砂澤はあきれた顔をして、「そんなことも知らんのですか。身を守るためのおまじないです。説明してもあんたには分からんでしょうが」と言った。クジだけではない。まったく分からないことだらけだった。

のちに仕事で忍者について調べなくてはならなくなった時、ようやく「クジ」とは「九字」と書き、山岳修験者《しゅげんじゃ》や忍者などが使った一種の護身術であることを知った。九字は文字通り九文字あり、各文字を印を結んで唱え、刀印を空中で切る呪術である。

それによって文字に神力が入り、バリアを作るとされている。九字が本当に切れる霊能者は、霊界より上の神霊界の力を持つといわれている。

九字は道教から修験道に取り入れられたもので、護身や降魔のために用いられた。真言密教でも用いられている。忍術はもともと修験道に起源すると言われているので、根は同じである。修験者は九字を切る能力を山岳修験の行《ぎょう》をしながら身につけていくが、修験者の行と砂澤の行は共通する点が多い。砂澤は修験者でもあったのだ。

この能力はまた、砂澤が呪術者だったことも示している。シャーマンは呪術者だとされている。

人の動きを止める

九字以外にも、砂澤には人を動けなくさせる力があった。例えば「足止め」がそうである。砂澤はこの力もよく使っていた。これは足を動かなくしてしまうのである。ある信者は砂澤が止めたのに旅行に行こうとしたので、砂澤は怒ってその人の足を動かなくしてしまった。

逆に砂澤が神様の言うことを聞かなかったために、神様に足止めをされて動けなくなってしまうこともあった。とにかくマンガのような世界なのである。

また足止めではないが、腹痛を起こして人を動けなくしてしまうこともあった。腹痛は必ずしも肉体的な不調が原因で起きるとは限らないようだ。砂澤はこのように体の異変を起こす力もあった。これらは全てＰＫ能力、念力である。

さらに、砂澤の周辺では、砂澤が直接見えない力を使わなくても力が働くことがあった。

山口県の旅行で、一行は大島郡《おおしま》の久賀町《くか》に立ち寄った。瀬戸内海に大島という島があり、この島のある神社がお稲荷さんを祀ることになったので、砂澤が白龍神を鎮座させるために招かれたのである。

この時、予定地に向かう借り切りのバスの中で、高木さんという男性が行楽気分で酒を飲み始めた。ところが、おかしなことに、目的地の神社についてお祭りが始まると、高木さんは頭が上げられなくなってしまった。高木さんは何者かに押さえつけられている感じがしたという。そして式が終わるまでずっとそうしていた。

式が終わった後で、砂澤は一行に原因を説明した。高木さんは式が始まる前にお酒を飲んでいたので、不謹慎だと言って鎮座される神様が怒り出し、懲らしめのためにそうされたのだというのだ。神様は見えない力を使うことができるのである。

18　病気の診断と治療

優れた治療師

一九九九年の二月十一日の夜に聞いた話の中で、砂澤の霊能者としての特徴がよく分かる話があった。病気の治療である。病気平癒の加持祈禱《かじきとう》は砂澤の得意とするところだった。優れた霊能者は病気も治せるのである。

砂澤は新生児の心臓の穴の診断で明らかなように、病気のことがよく分かった。頭の中が少し出血しているとか、腸に早期のガンがあるとか、医者が診断できないことまでよく当てた。

また診断するだけでなく、病気を治すこともできた。極端な例では、前述したようにノイローゼになった人を自動車にぶつけて意識不明にし、長期間眠らせて治すという荒っぽいこともやっていた。逆に、電柱から落ちて意識不明になった人を、安静に眠らせておけば治ると予言して、病院の方針に逆らって病院を変えて治したりもした。

薬のことも詳しく、膝《ひざ》の痛みが引かず医者に原因が分からないと言われた男性に、婦人用の漢方薬を飲ませて治すというような、医者の考えないような治療法も行っていた。痛みの原因は、自宅の床下に水が溜まっており、そのために体が冷えていたのだと砂澤は言った。

砂澤は鍼灸《しんきゅう》の免許は持っていなかったが、お灸ができた。人の体に手を触れただけで、すぐにどこが悪いのか分かった。手が病所を感じるのである。これは「手加持《てかじ》」というが、病所に手を触れるだけで病気が治せる霊能者もいる。また気の流れである経絡《けいらく》が色つきで見える人もいる。砂澤にはこのように治療師の一面があった。

シャーマンは病気の治療をすると言われているので、砂澤のこうした能力はシャーマンとしての特徴がよく出ている。

病気の治療の話の中でにわかには信じがたかった話がある。砂澤は若い頃、稲荷山で目の見えない女性を背負って連れて上がり、眼力社《がんりきしゃ》で拝んでいると、その人の目が見えるようになったというのだ。眼力社は山頂直下にあるので、下から人を背負って上るのはまさに苦行である。

私は長い間この話が信じられなかった。いくら病気のことが分かる砂澤でも、目が見えるようにすることまではできないだろうと思ったからだ。これができるならまさにキリストである。

しかし、のちに日本の霊能者で目の不自由な人の目を見えるようにできた人がいたことを知り、ようやく砂澤にもその力があったのかもしれないと思うようになった。その霊能者とは、東京の吉祥寺にある玉光《たまみつ》神社の教祖、故・本山キヌエである。本山の場合は目撃者がいるので、その力は本物だった。

私が出会った頃の砂澤にはこのような直接病気を治す力はなくなっていたが、霊能力は若い頃から三十代か四十代にかけてが一番強いと言われているので、砂澤も若い頃はその力があったのではなかろうか。なにしろ砂澤の若い頃を知っている信者は、若い頃はものすごい力があったと証言しているからだ。

病気の治療は肉体を変えることなのでＰＫ能力である。

霊が原因の病気

この時、私は病気の原因は肉体的疾患だけではないことを知った。病気は霊が原因で起こることもあり、砂澤にはそれが分かったのである。砂澤は霊が原因の病気も治すことができた。これは霊能者でなくてはできないことである。

ある時、派手な服装の女性が「娘が肩が痛いと言っている。何人もの医者に見せたが原因が分からないと言われた」と言って、砂澤のところに相談に来た。相談者はあるお寺の奥さんだった。

砂澤が祈禱すると、身内に海で溺れて死んだが祀られていない人がいることが分かった。そこで砂澤はそういう関係者が身内にいないか女性に問い質した。すると女性は主人のいとこにそういう人がいたようだと答えた。

砂澤は「娘さんの肩が痛いのは海で亡くなった人の霊が祀られていないからで、娘さんの肩についているためだ。祀られている霊は強いので家の中に入れるが、祀られていない霊は弱いので閉め出されてしまう。それで娘さんの肩について入ってきたのだ」と説明し、海で亡くなった方の霊を祀ってあげなさいと助言した。

すると女性は「いとこなので私のところで祀ってあげる必要はない」と答えた。砂澤が、「では娘さんを捨てなさい」と言うと、「そんなことはできない」と憤慨して帰ってしまった。

後日、その女性はまた砂澤を訪ねてきた。やはり娘の肩の痛みが引かず、医者に見せると切断するしかないと言われたので、娘の肩についている霊を落としてほしいと砂澤に頼んだ。

それを聞いた砂澤は、「神様のことはできるが、仏さんの供養は自分にはできない。仏さんのことはお寺でやるのが筋でしょう」と言って断ってしまった。するとようやくその意味が理解できたのか、女性は仏様を祀りますと言って帰って行った。その後、娘さんの肩の痛みは治まったという。

砂澤は、お寺というところは道で倒れている人だって祀ってあげるのが仕事なのに、親族すら祀ってあげないなんて言語道断だと呆れていた。

この日、砂澤は私が前年書いて送った原稿を持参していた。それを鞄《かばん》の中から取り出して、「まだまだですね」と言って返してきた。予想通りだったが、原稿について何も感想を言われなかったので困った。何か言われれば、それをたたき台にして書き直すつもりだったからだ。

そこで分からないことについて質問することにした。しかしその質問があまりにも稚拙で的を射ていなかったせいか、砂澤はまたもや呆れたような顔をして「あんたはこの世界のことは何も分かっていないのだから、書けというほうが無理なのです。神様も無茶を言われる。どうしたらいいんでしょう」と匙《さじ》を投げてしまった。

「やれやれ、引きずり込まれたかと思ったら、今度は見捨てられてしまったのか」と嫌になった。仕事を引き受けたことを後悔した。

19　神様が病気を治す

短文を寄稿する

砂澤に匙を投げられてしまい、再び電話はかかってこないだろうと思っていたら、意外にも三月になってまたかかってきた。

電話があったのは早朝だった。私はまだ眠っていた。電話が鳴ったので飛び起きて受話器を取ると、砂澤の声がした。「あんた、まだ寝とってんか。早く起きなさい」。どうして寝ていることが分かったのだろうとびっくりした。砂澤との間にはこんなことが何度もあった。

一九九九年三月十八日の夕方に、伏見稲荷に出かけた。翌日、午後と夜に話を聞いた。砂澤は「あなたは経験がないので書けません。それでまず三丹支部のことを短い文章にしなさい。書けたらそれを『大いなり』の編集部に送りなさい。その時、私に言われて送ったということを書き添えておきなさい」と言った。

「大いなり」は、伏見稲荷が年に数回発行している講員向けの薄い機関誌である。その中に講員の信仰体験記が掲載されていることがある。私はこの冊子をときどき砂澤からもらっていたのだが、ほとんど読んでいなかった。砂澤はその信仰体験記の原稿を書けと言ったのだが、冊子を読んでいなかったので何を書けばいいのか見当がつかなかった。しかしヒントはその後で聞いた話の中にあった。話の概要は、以下のような不思議なものだった。

ある日、信者の井納《いのう》さんは激しい腹痛に見舞われた。病院に搬入されると、腹に悪いものがたまっているので切開手術が必要だと医者に言われた。ところが困ったことに、井納さんは麻酔が効かなかった。医者は麻酔が効かなければ手術ができず、このままの状態では命を落としてしまうと言った。入院の知らせを受けた砂澤は祈禱《きとう》に入った。

井納さんは激しい痛みの中で意識が朦朧《もうろう》としていた。その時、ある声が聞こえた。その声は朗々としており、六十万円出して自分を祀《まつ》ってくれるなら麻酔が効くようにしてやる、命も助けてやる、そうでなければお前は七転八倒して死ぬだろうと言った。井納さんはお金が工面できるか心配だったが、夫に頼んで何とかし、必ずお祀りしますと約束した。そして息子に嫁を与えてほしい、孫の顔を見るまで生きさせてほしいと願った。するとふたつともかなえてやるという声がした。その直後から不思議なことに麻酔が効き始め、手術は成功した。

退院後、井納さんは夫に事情を説明した。夫はにわかには信じがたかったが、やがて納得し、命が助かったのだから安いものだと言って六十万円用意した。井納さんはそのお金を持って、神様を祀ってもらうために砂澤を訪ねた。

砂澤は井納さんの話を聞いた時、ある出来事を思い出した。内記《ないき》稲荷《いなり》の近くに小学校があり、そばでビルを建てる工事が行われていた。建設予定地を業者が掘っていると、大きな蛇が出てきた。作業員たちは気味悪がり、蛇を縛って現場の片隅に放置した。

その頃、砂澤は誰かが呼んでいるような気がしたので、自転車で工事現場のほうに向かった。すると大きな蛇が捨てられているのが目についた。砂澤が近づいて触ろうとすると、作業員たちは「蛇に触ろうとしている変な奴がいる。それも女だ」と騒ぎ立てた。

作業員たちは嚙みつかれると危ないから蛇に近づくなと言ったが、砂澤は平気な顔で蛇に語りかけた。「迎えに来いと言われてきました。連れて帰って埋めてあげるから、小さくなってください。そうしないとミカン箱に入らないし、自転車に積んで帰れません」。すると蛇は小さくなり、自分からするすると箱の中に入ってしまった。

砂澤は箱を持ち帰って、穴を掘って蛇を埋めようとした。その時、蛇が「自分を祀ってくれ」と言った。砂澤は「自分には祀るだけの甲斐性がないので、それは無理です。誰かに頼んで祀ってもらいなさい」と言って蛇を穴に埋めた。

井納さんの話を聞いて、砂澤はその埋めた蛇が井納さんを頼っていったのだと気づいた。井納さんの持参したお金を受け取った砂澤は、内記稲荷の外拝殿《がいはいでん》の裏に小さな祠《ほこら》を作って蛇を白龍神として祀った。費用は石屋に見積もりを取ってもらうと六十万円ぴったりで収まった。

この時、井納さんが家を建てる時に祀っていた稲荷の白龍神を捨てていたことが判明した。夫が捨ててしまったのだという。新たに出てきた蛇はその白龍神だったのである。

この話は、砂澤が蛇と交信する能力があることや、蛇がいかにして神様として祀られるようになるか、神様を捨てるとどうなるか、神様の世界が二重三重につながっていることについての非常に興味深い証言である。

なお、神様を祀ったことによって、井納さんは息子の結婚や孫の顔を見たいという病室での願いがかなえられた。後日、私は内記稲荷の裏の祠で本当に白龍神が祀られていることを確認した。

蛇の神様の後日談

私はこの話が非常に面白かったので、これを「大いなり」の原稿に書くことに決めた。そこで帰宅後、さっそく原稿を書いて編集部に送った。しかし何の反応もなく、やがてこのことは忘れてしまった。

ところが二年ほどたった頃、突然その原稿が載った「大いなり」が送られてきたので驚いた。

この話にはさらに後日談がある。原稿が掲載された「大いなり」が出た後で伏見稲荷に行った時、なんと井納さんご本人がやって来られたのである。井納さんは手術の後遺症で片脚が不自由で、杖をついておられた。伏見稲荷に来るのは久しぶりだと言われた。偶然にしてはタイミングがよすぎた。

井納さんは当時のことを話してくれた。「意識が朦朧《もうろう》としていた時に出てこられた神様は白髪の立派な男性で、すがすがしいお声でした。おかげでずいぶんと長生きをさせてもらいました」。井納さんの話で、蛇霊が人間の姿に変わることが分かる。神の化身《けしん》である。

翌日、ひとりの青年が砂澤を訪ねてきた。家庭で暴れているという問題児で、砂澤は半日かけてカウンセリングのようなことをしていた。

青年が帰った後で、砂澤は「最近こうしたおかしな若者が増えています。だがこれは病気ではないので私には治せません。これは贅沢病《ぜいたく》です」と言った。霊能者にも治せない病気があったのだ。

翌々日、砂澤は宮司《ぐうじ》様にお目にかかると言って私を同行させた。宮司様の執務所は講務本庁のさらに北側の奥まったところにあった。応接室に通されると、ほどなく宮司様が入ってこられた。白髪のおっとりした柔和な方だった。宮司様は私に名刺をくださった。「坪原喜三郎」と書かれていた。砂澤は宮司様に私を紹介し雑談を始めた。

応接間を出ると、砂澤は宮司様とは昭和三十年代からの付き合いだと言い、「カルガモさんを見に行きましょう」と言った。境内の一角に池があり、そこにカルガモが生息しているという。私たちはひとしきりカルガモが泳いでいるのを見ていたが、砂澤はもう何も話さなかった。疲れていたのか、話をする意欲をなくしてしまったのかは分からなかったが、長時間話を聞くのはこれで終わりかもしれないと思った。

談話は録音したものがたくさんたまっていたが、相変わらず何も書けなかった。分からないことが多すぎたのだ。

そこで、今後は話を直接聞けなくても、霊能力の観察だけは続けることにした。まだ見ていない霊能力があるような気がしたのである。こうして私は初めて自分から動いてみようという気持ちになった。

第3章　霊能力を観察する

20　神様を招く

還幸祭を見物する

私は砂澤の霊能力を観察し始めた。それは一九九九年の五月に始まり、二〇〇五年の十月まで断続的に続いた。

手始めに一九九九年五月三日に、伏見稲荷に出かけた。この日の祭りに砂澤が奉仕しているというので、見物に出かけたのである。

この日の祭りは「還幸祭《かんこうさい》」あるいは「お帰り」と呼ばれているもので、四月二十日の「神幸祭《しんこうさい》」とひと組になっており、合わせて「稲荷祭」と呼ばれている。稲荷祭は、稲荷の大神様が氏子区内を巡幸される祭りである。この祭りは古くから行われており、かつては京都の三大祭りのひとつだった。

五月三日の祭りは西九条《にしくじょう》（京都市南区）の御旅所《おたびしょ》におられる大神様が本社にお帰りになる儀式である。

この日はよく晴れた気持ちのいい一日だった。伏見稲荷は多くの人で混雑していた。

参集殿《さんしゅうでん》の前には美しく飾られた車やトラックがたくさん停車していた。荷台には古風な装束を身につけた女性たちが乗り込んでいた。その中に砂澤の姿もあった。

車が伏見稲荷を出発したのを見届けると、私は東寺《とうじ》に向かった。車は御旅所で神輿《みこし》などを乗せて東寺の東側の門・慶賀門《けいがもん》前に立ち寄り、東寺の僧たちの供御《くご》を受けるからだ。昔は五台の豪華な神輿を氏子たちが引いて巡幸したのだが、今は交通事情で神輿をトラックで運んでいる。

東寺の慶賀門前で待機していると、ほどなく神輿を積んだトラックや関係者を乗せた車が到着した。下の社の神輿を積んだトラックが門の正面に停車し、この車を中心に車が整列すると、門前に並んだ僧たちが読経《どきょう》を始めた。

東寺でこのような儀式が行われているのは、伏見稲荷と東寺は関係が深いからである。東寺を建立《こんりゅう》した空海は、東寺の門前で稲荷神に出会い、この神を柴守長者《しばもりちょうじゃ》の屋敷に祀り、東寺の守護神とした。そして稲荷山に導いて鎮座させて、祭祀したと言われている。この儀式はその伝説を再現したものだという。

この伝説は、空海が中世以後に仏教化した稲荷信仰の開祖であり、神と霊的に交流できたこと、仏教が神に対して優位に立ったことを物語っている。

伏見稲荷は今は神道だが、かつてはふたつの稲荷信仰があったといわれている。ひとつは秦《はた》氏が奉斎《ほうさい》（つつしんで祀ること）した稲荷で、祖霊信仰と自然霊信仰と食

伏見稲荷大社・稲荷祭（還幸祭）の神輿の車

物神信仰を中心とした原始的な稲荷信仰を含んだ古くから続いている神道的稲荷信仰である。

もうひとつは、空海が東寺門前に出現した稲荷神を稲荷山に導いて鎮座させたことで始まったとされている、仏教化された稲荷信仰である。この稲荷は荷田《かだ》氏が奉斎した。この信仰は中世以後、神仏《しんぶつ》習合《しゅうごう》といわれる神が仏に帰依する宗教現象の中で荼枳尼天《だきにてん》信仰となり、神道的稲荷に対して優勢になっていった。

霊能者・空海

空海は稲荷山で行《ぎょう》をしたといわれている。稲荷山は古くから修験の地で、多くの修験者が入り込んでいた。空海も若い頃から山岳修験の行をしており、稲荷山でも行を積んでいた。

そのために、今も稲荷山には空海の行の跡とされる弘法《こうぼう》の滝が残っている。ここには弘法大師堂があり、空海が祀られており、大師の像も建っている。稲荷山に滝が多いのは修験者が行に使っていたからだ。

砂澤は空海を尊敬しており、よくその話をしてくれた。砂澤によると、大師は弘法の滝のそばで穴を掘って埋められ、竹の筒だけで息をして生き続けたという。これはヨガの行者の行に似ている。この話は弘法大師の伝説を集めた本に出ていないので出所が分からないが、空海の行がヨガの行と似ていたことや荒行だったことを示している。密教は瑜伽《ヨガ》の実践と思想を根底に含んでいるので、空海がヨガの行法を知っており実践していたことはありえる。

空海はシャーマンの体質を持っていたと思われる。若い頃、沙門《しゃもん》と称していた。渡辺照宏氏と宮坂宥勝《ゆうしょう》氏によると、「沙門」とは修行者という意味である。シャーマニズムはツングース語の「シャーマン」から出ており、シャーマンは中国語の「沙門」(梵語で修行者を意味する)に由来するという。

つまり空海は自ら「沙門」(シャーマン)と称していたのである。空海はシャーマンに似た超能力を持っていたと思われるが、それは山林修行の中で瑜伽《ヨガ》の行を修することで身に着いたものだろう。

空海は雨を降らせたり龍神を呼んだりできた奇蹟譚の多い人だが、験力、つまり神通力があったといわれている。

空海は「体で感じる大自然そのものが教典」であると言っている。自然を体感するために山野を歩いて行をしたのだろう。砂澤も同じことを言っていたし、同じことをしていたのである。

空海は砂澤と同じシャーマンで修験者でもあったので、砂澤は自分と同質のものを空海に感じていたのかもしれない。さらに空海は仏教稲荷の開祖でもあったため、砂澤は信者としても尊敬していたのだろう。

神仏習合の痕跡

東寺と伏見稲荷の関係は、空海以後の神仏習合の時代になっても続いた。この時代になると、真言宗系の僧たちが荼枳尼天と狐神を習合させて仏教化された稲荷信仰の流れを発展させた。最初は山上に真言宗の僧坊や仏堂が多く存在したが、やがて現在の本殿の横に荼枳尼天を祀る愛染堂（東寺の本願所で十六世紀末に再興され、明治元年まで存続した）ができ、大師堂などの仏教系のお堂も作られ、仏教的稲荷信仰の中心地のひとつとなった。当然のことだが、ここは弘法大師信仰も入っていたので、伏見稲荷に今でも弘法大師信仰が残っているのはそのためだろう。

稲荷山に神仏習合の痕跡が今でも残っているのも同じ理由によるものだ。砂澤はお塚の前で常に般若心経を唱えていた。私は最初これが不思議でならなかった。神社でお経を唱えるなんて変ではないか。しかし、神仏習合の時代は社僧が神前でお経を上げていたのである。その名残だと思えば別に不思議なことではない。

般若心経は密教の根本経典のひとつである。そのために真言宗を始めとする各宗派の僧たちや山岳修験者は常に唱えている。私たちは意味も分からずに般若心経を上げている。それは砂澤も同じだったろう。しかし庶民はそれでもいいのである。なぜならば、教典を読誦《どくじゅ》することは、厄を払い福を招く呪力があると信じられていたからだ。

砂澤は稲荷山の滝にはお不動様がおられると言った。滝行をしているとお不動様が見えるというのだ。砂澤はお不動様は神仏両方にいけますと言った。

不動明王は空海が日本に招来した仏様だが、インドでヒンドゥー教の最高神であるシヴァ神が仏教に取り込まれたといわれており、もとは神様だった。したがって、神仏どちらにもいけるというのはその起源を考えると間違いではない。しかし、砂澤がこのことを知っていたとは思えない。蛇足だが、明治期までお不動様を神様として祀っている地域があった。

不動明王は空海自刻の像が秘仏として現在も東寺に祀られている。お不動様は山岳修験者たちが信奉した山の仏（神）だったので、山岳修験の山だった稲荷山にお不動様がおられてもおかしくはない。これもまた稲荷と空海の関係を示すとともに、神仏習合時代の名残りなのである。

砂澤は特にお不動様と観音様の信仰が厚かった。お不動様は真言宗と稲荷の関係から砂澤が信仰するのは当然だし、観音様は神仏習合時代、稲荷の本地《ほんじ》とされていたのでこれも当然なのである。

明治になって神仏分離が行われ、神道と仏教は切り離されたが、砂澤を見ていると庶民の信仰ではいまだ神仏分離は行われていないことが分かってきた。稲荷のオダイは今も自分の信じる仏様を信仰し、稲荷の神々とともに祀り、それらの神仏を総合してお稲荷さんと呼んでいるのである。砂澤の場合は、不動尊の他に観音と地蔵も信仰していた。稲荷信仰とは実は神仏混交なのである。

伏見稲荷は今は神道であるから、仏教的稲荷信仰の痕跡は分かりにくくなっている。しかし、最初の千本鳥居が始まって二又に分かれた出口にある奥社奉拝所《おくしゃほうはいしょ》は、以前、荼枳尼天《だきにてん》信仰（白狐信仰）の中心地だった。

砂澤は空海について様々なことを話してくれたが、その中に奇妙な話があった。高野山《こうやさん》は空海が開いた聖地だが、砂澤は高野山で行をしたことがあった。その時、空海が死後に龍神になったことが分かったというのだ。

これは砂澤が霊感によって感得したものなのか霊視によって見たことなのか分からないが、龍神になるというくらいだから、空海はよほど「ミーさん」や水と関係が深かったようだ。空海が龍神に乗っている姿はよく絵巻に描かれているが、砂澤はそのことをまったく知らなかったはずである。

五月三日、私は東寺の中門で供御の儀式を見物した後、伏見稲荷に戻った。やがて、神様を迎えに行った人たちが神輿ともども車で帰ってきた。砂澤は直会《なおらい》に出かけてしまったので、私は引き上げることにした。

御鎮座

この頃、私はある親族から、自宅にお稲荷様を祀ったという話を聞いた。お稲荷さんを初めて祀る時、神様を招き御鎮座いただくお祭りをする。親族は砂澤の支部の講員だったので、砂澤に来てもらい、神様に御鎮座いただいたのだ。

砂澤はお祭りを終えた時、「どの神様が来られるのかと思っていましたら、白菊さんでした」と言った。信者はその神名を書いたお札を神殿に安置し、一家の神様として祀るのである。

これは、砂澤は神様を招いて鎮座していただくことができ、本当に神様がやってこられて神座に座られたことが分かり、神様を識別する力があったことを示している。

これも砂澤の霊能力のひとつだった。このように砂澤は本当の意味で神様を祀る力があったのである。

これは、一般的には「稲荷下げ」もしくは「おみたましずめ」といわれている。稲荷のオダイの重要な仕事のひとつで、そのためにオダイが務まり、支部の長も務まるのである。稲荷のオダイは稲荷信仰の普及に大きな貢献をしてきた。

おそらく古代の巫女《みこ》たちも、霊能力がある人であればこのようなことをしていたのではなかろうか。砂澤のような人は古代なら巫女と呼ばれていただろう。

ちなみに白菊さんは、稲荷山山頂の三座の神様のうちの下ノ社の神様の美称である。では、なぜ神様の名前が砂澤に分かったのだろうか。神様は鎮座される時に名乗りを上げられるといわれており、砂澤にはその声が聞き取れたからだろう。

砂澤は神様を招く力があったので、当然のことながら神様にお帰りいただくこともできた。信者はある事情で神様を祀ることができなくなった時、砂澤に頼んで神様にお帰りいただいていた。そうしておけば後で変なことが起こらないからだ。

変なことが起こるのは、こうした正しい処置を怠った時である。砂澤はよく祀り捨てはよくないと言っていた。そうすると変なことが起きるというのだ。

神様が祀り捨てられていることに気づき、再度信者に祀らせるのもオダイの仕事だった。こうして稲荷信仰は継続していくのである。

この神様を招いたりお帰りいただいたりすることは霊能力がなければできないことである。

21　霊臭と再生

お塚での怪異

一九九九年の五月に祭りを見物したあとは、しばらく砂澤から連絡がなかった。

当時は自自公の連立政権だったが、バブルの処理などに公的資金をつぎ込んでいた。だが一向に景気は上向かず、リストラが横行し、大量の失業者が出た。そのあおりを受けて、若者は就職難で、フリーターが多く生まれた。

夏になり、七月十九日に珍しく砂澤から連絡が入った。

翌日、伏見稲荷に行くと、お山をすると言われた。いつものようにお塚の前で正座して祝詞《のりと》を上げた。ところが困ったことに、脚が熱くてたまらない。コンクリートが熱せられており、はいていたジーンズの生地の熱伝導が大きかったためらしい。私は熱くてたまらず、祝詞を上げるどころか、座っていることすらできなくなり、立ち上がってしまった。宿舎に帰ってジーンズをたくし上げてみると、地面に触れていた部分が軽いやけどになっていた。

冬は寒くて困ったが、夏は熱くてたまらない。お塚の前での座行はことのほか苦行だった。しかし砂澤は汗もかかず平気な顔で座っていた。

脚が熱くてそのことに気を取られていた時、またも奇妙なことが起きた。それは四番目から五番目のお塚を拝んでいた時のことだった。砂澤は突然ごほごほと咳《せき》をし始め、盛んに鼻の前を手で払うしぐさをした。

何事が起きたのかと驚いて見ていると、祝詞を終えた砂澤が言った。「拝んでいたら野田さんが出てこられた。煙草を吸っておられるので、煙たくてしかたがなかった。あの人は煙草が好きやったからね」。野田さんとは神様かと思いきや、そうではなかった。そのお塚を共同で作った信者のひとりで故人だった。

お塚というのは神様だけでなく人霊まで出てくるのかと驚いた。お塚には作った人の名前とその人たちが祀っている神様の名前が彫られている。神域だから神様が出てくるのはまだしも、名前が刻まれている人の霊まで出てくるとはどういうことなのだろうか？　お塚はお墓に似ていると思った。

この時、私は人霊が出てきたことに衝撃を受けた。私には見えなかったが、霊は存在するのだと実感した。

さらに私は霊に臭いがあることにも驚いた。砂澤はそれを感じる力があったのだ。これは霊界にも臭いがあることを示しており、「霊臭」といわれている。

砂澤はある時、神様は音と臭いで知らせてくださいますと言った。砂澤はこれらを感じる霊能力があったのだ。

信者の市川さんの証言はそのことを物語っている。ある夜、市川さんに砂澤から電話があった。「あんたのところで何か燃えているような臭いがするが、火事と違うか」。そう言われて、市川さんは自宅とその周辺をつぶさに見て回った。すると隣から火が出ていることに気づいた。砂澤は遠い場所の臭いを感じることができたのである。

しかしこの場合は霊の臭いではない。現実の火の燃えている臭いである。砂澤は私たちには感じられない現実の遠くの臭いまで感じることができたのである。砂澤は遠くのものが見え、遠くの音が聞こえ、さらには遠くの臭いまで感じることができたのだ。恐るべき霊感である。

砂澤は帰り道で、お塚で出てくるのは煙草を吸っている霊だけではないと言った。酒臭い霊もいるという。出てきた霊が酒を飲んでドンチャン騒ぎしていて、うるさくてかなわないこともあるそうだ。こうなると人間界と少しも変わらない。人間は霊界に行ってもこの世と同じことをしているようだ。

お塚の意味

ところで、お塚には神様も人霊も出てくるとなれば、お塚は一種の霊の依代《よりしろ》ではなかろうか。

そのことを例証するかのように、砂澤は面白い話をしてくれた。砂澤は祖母の眠る鳥取の長通寺に旧姓の尾下の名前で入る自分の墓を作り、観音像も作っていた。その観音像に名前を付けてほしいと住職に頼むと、住職は自分で付けるようにと言った。そこで砂澤は神様に相談した。すると三丹支部の神様である豊川さんが出てこられ、お山でお前に付けてやった「豊玉」では観音にはふさわしくないので、仏様らしく「宝珠《ほうじゅ》」にしろと言われた。それで自分はその名前で観音像に入ることになっていると砂澤は言った。宝珠は除障招福を意味し、霊力があるとされている。その形象化されたものを狐の像が尾の先に付けている。

「豊川さん」は愛知県の豊川稲荷《とよかわいなり》の神様だと思われる。砂澤はここにもよく参っていた。豊川稲荷は仏教系の稲荷なので、観音像のことだからこの神様が出てこられたのだろう。稲荷の神には今でも仏教系と神道系があるようだ。

この話で面白かったのは、観音像にも人霊が入ることだった。これではお塚と同じである。だが、これが日本の仏像の本当の意味なのかもしれない。ちなみに神仏習合時代には仏像が神像として祀られていた。

さらに砂澤は「稲荷山では豊玉の名前で一九六番のお塚に入ることになっています」と付け加えた。驚いたことに、死後にお塚に入るというのである。

後日、お塚の神名を調べてみた。豊玉の神名を刻んだお塚はふたつあった。一九五番と一九八番である。お塚の建立者名などから推定して、一九五番が正しく、一九六番は砂澤の記憶違いだと思われる。

いずれにしてもこの話は非常に興味深かった。というのも、この話は人が死後に仏にも神にもなりうることを示しているからだ。人は死ぬと寺では仏として、また神域では神として祀られ、その名の刻まれたお塚や仏像に宿る、つまり神仏として出現するのである。

私はこれが日本人の古い神観念ではなかろうかと思った。日本の神様は、西洋のような人間と隔絶した唯一絶対神では決してなく、霊なのである。ただ一般的には善悪を問わず力のある霊を神様と呼ぶことが多いようだ。

稲荷信仰は日本の古い神観念や原始的な信仰を保存している宗教で、そのため既成の神道や仏教では理解できない不可解な面が残っている。私はようやく日本の神様の意味が見えてきた。

この時、砂澤はさらに面白いことを言った。神様にお塚に入ってもまた人助けをするのですかと尋ねると、神様はそうだと言われたというのである。これによって、日本では人は死ぬと神になると考えられていたことが分かる。

稲荷のオダイの中には、死ぬと、信仰している神様とともにお塚に入ると信じている人がいる。砂澤の言葉はその証言である。したがって、お塚はまさに霊の依代《よりしろ》であり、人霊が出てきてもおかしくはないのである。

22　事故

不可解な予言

一九九九年の七月二十日、お塚でもうひとつ奇妙なことがあった。この日、砂澤はお塚の前で不可解な予言をした。いつになく思いつめた真剣な表情だった。

砂澤は今年の夏は大変なことが起きるので、お盆は風呂に水を張り、飲料水をたくさん用意して、外出はしないほうがいいと言った。砂澤はたいていはっきりものを言うのだが、この時は具体的に何が起きるかは言わなかった。

この予言が信者たちに大騒動を巻き起こした。宿舎に帰ると、夜、男たちは例によってビールを飲み始めた。その席で、砂澤の予言が話題になった。砂澤は具体的なことは言わなかったので、信者たちはめいめい勝手な予測をした。地震が来ると言う者や、北朝鮮がミサイルを飛ばしてくると言う者などがいた。当時、テポドンが話題になっていたのである。

私はまったく予想がつかなかったが、砂澤の言うことはともかくよく当たるので、念のためお盆の前に言われた通りの準備だけはしておこうと思った。特に半身の不自由な母親がいるので、実家が気になった。八月十二日に実家に帰り、準備した。

だが、十三日も十四日も大事件は何も起きなかった。では十五日に起きるのかと思い、一日中家にいてニュースに注意していたが、これということは起きなかった。

拍子抜けした私は、今回のことは一体何だったのか確認しようと思い、挨拶を兼ねて帰途、内記《ないき》稲荷《いなり》に立ち寄った。砂澤の自宅の玄関のベルを押すと、しばらくして砂澤が出てきた。驚いたことに、砂澤は首に大きなコルセットを付けていた。その姿は痛々しく、かなり憔悴している印象を受けた。

どうしたのかと尋ねると、砂澤は、風呂場で転んで頭を撃ち、鞭打ち症になったのだと答えた。しかし、高齢とはいえ、砂澤は足腰がしっかりしていたので、風呂場で転倒するとは思えなかった。砂澤は話すことさえつらそうなので、私はすぐに話を切り上げて退出した。

帰り道で、大変なことが起きるというのはこのことだったのかと思ったが、よく考えてみると変だった。それなら信者に風呂に水を張れとか外出するなと警告する必要はなかったからだ。

真相が判明したのは一年後のことだった。砂澤は鞭打ち症になったのは風呂場で転んだからではなく、自動車事故によるものだったと打ち明けてくれた。事故が起きたのはお盆ではなく、七月二十四日だった。何と稲荷山で託宣《たくせん》した四日後だったのである。懇意にしているお寺に行った帰りに、砂澤の乗っていた車が事故を起こし、鞭打ち症になったのだ。その時、車を運転していたのが信者のひとりだったので、風呂場で転んだと嘘を言っていたのである。

この時、砂澤は奇妙なことを付け加えた。日本で大異変が起きるのでそれを防ぐために命を差し出すようにと、お塚で神様に言われたというのである。それで死ぬ覚悟を決めていたのだが、自動車事故と鞭打ち症ぐらいですんだのでよかったと言った。そして当日は上空から毒が降ってきて、日本の川が汚染されることになっていたのだと打ち明けてくれた。

私は長い間この意味が分からなかった。しかし、のちに砂澤は、大きな災害を防ぐために身代わりに命を差し出せ、と神様に言われたのではなかろうかと思うようになった。聖者で人の災難や苦しみを代わりに引き受ける人や、人の身代わりになる人がいることを知ったからだ。こうした行為は受苦《じゅく》あるいは代受苦《だいじゅく》と呼ばれている。

砂澤は、自分は神様の命令に従って生きているだけなので、死ねと言われればいつでも死ぬ覚悟ができているとよく言っていた。それがこの時だったのかもしれない。砂澤はまた、それぐらいの覚悟がないとこの仕事はできないとも言っていた。

ある宗教家によると、神様に命を預け、死を恐れない覚悟ができていれば神様が分かり、神様の力が入ってくるという。砂澤はこの覚悟ができていたので、神様のことが分かったのだろう。

またこの話から、砂澤は信者のことだけでなく日本のことまで祈っていたことが分かった。砂澤は昔、稲荷山の眼力社《がんりきしゃ》で深夜によく御祈禱《ごきとう》をしていた。眼力社の世話をしておられる服部さんが、ある時、砂澤にどのようなことを祈っておられるのかと尋ねると、砂澤は国家安泰、五穀豊穣、住んでいる福知山市の安全などだと答えたという。

優れた霊能者ほど大きな祈りができると言われているが、砂澤もそのひとりだったのである。私は自分のことしか祈っていないが、砂澤はそうではなかったのだ。

砂澤は五穀豊穣と関係があるせいか、天候のことをよく言う人だった。自分がここに来ると晴れるとか、この前来た台風が近畿地方を直撃せずに逸れたのは神様がそうされたのだとか言った。のちに力のある霊能者は天候を変える力があることを知った。

後遺症との闘い

砂澤は、鞭打ち症になったので市内の整骨院に治療に通い始めた。首を強く引っ張って伸ばす治療を受けるのだが、首を伸ばされるとものすごく痛いと言った。砂澤はこのつらさも行《ぎょう》なのだ、自分は死ぬまで行をしなくてはいけないのだと言い、弱音は一切吐かなかった。

しかし、治療のかいなく、砂澤の首は元通りにはならなかった。それから砂澤の首は曲がったままで、頭は前に傾いたままだった。この事故は砂澤の心身に大きな影響を残した。砂澤はさらに衰弱するようになった。首に障害をもつと、自律神経に影響を与えるといわれているが、おそらくそういうことが徐々に心身の異変となって現れ始めたのだろう。

砂澤は長時間、人と話す気力や体力がなくなってしまった。私が話を聞くことが一年遅れていたならば、ほとんど砂澤の話を聞く機会はなかっただろう。

秋になって、私は話を聞く機会はもうないだろうと判断し、できる範囲で原稿を書いて砂澤に送ることにした。私自身はまったく書けないので、砂澤の言葉だけで生涯を回想する構成にした。砂澤の人生に興味があったのだ。

しかし、送ったところで、緑内障《りょくないしょう》に加えて鞭打ち症の影響でますます目が見えなくなっていた砂澤に、読めるはずがないことは明らかだった。予想通り、原稿は返ってくることもなく、私も原稿を送ったことを忘れてしまった。これからはもう呼び出しの電話もかかってこないだろうと思った。

23 新たな仕事

新しい指示

二十一世紀が幕を開けた。

砂澤から呼び出しはなかったが、正月は伏見稲荷に挨拶に行くことにした。しかし、数時間いただけで、話もろくにしないで引き揚げてしまった。砂澤は首にコルセットを付けてお祭りに出ていた。

二月の初午《はつうま》祭も同様だった。

砂澤から呼び出しがあったのは三月に入ってからだった。もう呼び出しはないだろうと思っていたので意外だった。何事かと思いながら十七日に伏見稲荷に出かけた。

宿舎の部屋に入ると、砂澤はまた変なことを言った。私に翻訳をやれと言うのだ。仰天した。本を書けと言われた時もそうだったが、翻訳など一行もやったことがなかったからだ。それにやってみたいと思ったこともなかったし、英語がたいしてできるわけでもなかった。

だが、できないと言えば砂澤がまたもや怒り出すことは目に見えていたので、機会があればやりますと答えてその場を取り繕ってしまった。内心では翻訳の話など来るはずがないと高をくくっていた。

四月になり、以前から話のあった学校に週に一回一コマだけ教えに行くようになった。最初の授業で教室に入っていくと、学生たちが「おえー」と声を上げてくすくす笑い出した。学生は若い女性が多かったが、私の身なりや雰囲気がおじさん臭かったからだろう。次に行くと出席者が半減していた。この時、以前に砂澤が言ったことを思い出した。「教えに行っても生徒に馬鹿にされますよ」

学校に通うようになって数週間後の四月下旬に、突然めったに鳴ることのなかった仕事場の電話が鳴った。出てみると昔の知り合いだった。長い間会っていなかったので何事かと思ったが、用件を聞いて驚いた。翻訳をやらないかと言うのである。何と本当に翻訳の仕事が入ってきたのである。

これにはたまげたが、なぜわざわざ私に話を持ってきたのかまったく理解できなかった。翻訳のできる人なら他にたくさんいるからだ。とまれ砂澤の言ったことが具体的な形を取ってさっそく現れたのである。

砂澤に言われていなければ、この話は自分にはできないと言って即座に断っていただろうが、前例があるだけに断らずに会って話を聞くことにした。知人はさっそく大阪までやってきた。

翻訳を始める

知人に会って話を聞くと、仕事はアメリカで出た転職の本を訳すことだった。本のタイトルはすでに決まっていて「転職力」だった。

私は知人になぜ私にこんな仕事を振る気になったのか尋ねてみた。知人は私が会社を辞めたことや本を書いたことを知っており、この仕事にぴったりだと思ったからだと言った。私はようやく本を書いたことが無駄ではなかったことを知った。知人は自分の経験を書けばいいんだと言った。

しかし、私はこの仕事には抵抗があった。私は厳密に言うと転職したわけではなかったからだ。会社は辞めたものの、再就職はしていなかった。経験を書いてみても「転職力」にはならない。だが、今にして思えば、これは明らかに新しい仕事の始まりだった。

世の中は一九八〇年代から転職がブームだった。転職希望者を対象にした情報誌もいくつか発売されていた。

しかし、バブル時代と二〇〇〇年では事情がかなり異なっていた。バブル時代は転職してもよりよい条件の仕事が見つかる可能性があったが、バブル崩壊後はその可能性が少なかった。なにしろ、リストラと失業はセットになっており、失業者が転職先を見つけようとしてもあまりなかったからである。当時は新卒の大学生ですら就職が困難で、就職浪人が出るご時世だった。そんな時に「転職力」は通用しないのではなかろうかと危惧《きぐ》したが、ともかく砂澤に言われていたので断らなかった。

知人は東京に帰ると話を詰めて、決まったら原書を送ると言った。私はこの仕事は決まりそうな気がしたので、英語の辞書などを買い込んでその準備をした。予想通り話が決まったのは六月だった。夏をこの仕事に充てることにした。翻訳の経験はまったくなかったが、やってみると意外にできた。

しかし、仕事が進むにつれて、本の内容が日本の現状に合わないことに気づいた。かといって私の場合は転職とは言えないので、自分の経験を書くこともできなかった。そこでただ訳すだけにして、知人に判断を任せることにした。仕事は八月いっぱいで完成した。その後、知人から連絡はなかった。

24　断食とアニミズム

百日断食

二〇〇〇年も秋になった。

夏に翻訳の仕事が終わり、また仕事を探さねばならなくなった。この時は原稿を書く仕事がなかったので、他の仕事を探すしかなかった。そこで砂澤にこの件を相談することにした。

砂澤は鞭打ち症以後、社務所での相談は受けつけていなかったので、電話で用件を伝えることにした。電話をすると、なぜか砂澤は烈火のごとく怒り出し、「食えないなら食うな。人間食べなくても生きていける」と言い放った。そして「私なんか百日間、何も食べなかった。それでも死ななかった」と豪語した。

私は無茶なことを言うと思ってあきれた。私は断食《だんじき》など一日もしたことがなかった。そんな私が百日間も断食すれば生きていけるはずがない。現に断食している修験者《しゅげんじゃ》が五十三日目に死亡したという記事が新聞に出たばかりだった。

私はさすがにこの言葉は無視したが、これは結果が出るまで我慢して将来に備えよという意味なのだろうと解釈して、しばらく貯金を崩しながら生活することにした。そして翻訳の勉強を独学で始めた。初めて本を書いた後で、原稿の書き方や文章の書き方を知らなかったことに気づいて独学したのと同じパターンだった。

砂澤は行《ぎょう》の一環として断食をよくやっていた。三日間ぐらいの軽い断食は常に行っていたが、百日の断食はさすがに生涯でただ一度だけで、決死の覚悟で臨んだという。断食は命がけの荒行である。下手をすると命を落としてしまう危険性がある。ましてや百日ともなれば限界ギリギリへの挑戦と言っていいだろう。砂澤がこの荒行を敢行したのは若い頃だった。

私たちは断食というと食べないでじっとしていると思いがちだが、砂澤の場合はそうではなかった。食べなくても山の中を歩き回り、他の行もするのである。当然のことながら体力は無くなるので、最後は動けなくなってしまう。砂澤はそうなった時、お手に草鞋《わらじ》をつけて坂道を上り下りした。そしてついに力尽きて動けなくなった時、お馬さんが現れて背に載せて運んでくれたという。これは幻覚なのか本当にあったことなのか私には判断できない。

断食の意味

砂澤は断食について、実行すると頭がすっきりして、体が軽くなると言った。しかしこれは人間の根源的な肉体の欲望である食欲を断つ行なので、究極の荒行なのである。

断食は心身を浄化するが、肉体の力と機能を極限まで弱めることで霊感を強くすることを目的としている。生死の境目まで自分を追い込むと、霊界が感じられるようになるという。

また、断食によって胃のところにある「マニプラ」というチャクラが目覚めて働き始めるので、ＥＳＰと呼ばれている超感覚的知覚が働くようになる。すると霊が見えるだけでなく霊のことが分かり、霊の声が聞こえるようになってくるし、霊界の臭いも感じるようになる。ちなみにチャクラとは霊体のエネルギーの取り入れ口、エネルギーセンターである。

砂澤の場合は死の一歩手前の極限まで断食を行ったのだから、超感覚的知覚は最大限に開発されたと思われる。砂澤の優れた霊能力の秘密は断食にあったのである。断食の行は霊能力の開発に非常に有効である。

断食は断食をしている時も危険だが、その後も危険である。食事を元に戻す時にも下手をすると命を落とす危険性があるからだ。断食は指導者がいないと危険である。砂澤の場合、行の仕方は全て神様が指示を出していたというから、断食の指導も神様がしており、神様が砂澤を守っていたにちがいない。そうでなければ百日間も断食などできるはずがない。

稲荷のオダイの行の仕方は人によって違う。なかには師匠について行を学ぶ人もいる。ところが砂澤は最初から神様が指導していたのである。そのために伏見稲荷で講習を受けた時、教わったことと違うので戸惑ったという。

これで明らかなように、稲荷のオダイに統一された行法はなく、各人自己流でやっているのである。つまりやり方などはどうでもよく、要は神様と交流できるようになればいいのである。稲荷信仰とは直接神様の声を聞くことであり、それに尽きるのである。

草木が語り出す

百日断食について、砂澤は面白い証言を残している。最後の日に、神々しく輝く霊気に満ちた白狐を見たというのだ。とてもまぶしくて近づけなかったという。

この白狐は眷属神《けんぞくしん》の元祖、阿小町だったと思われる。この神は本殿裏の白狐社に祀られている。神様は、砂澤の行の満願成就を祝して姿を現されたのだろう。

この神様は日頃は見ることができず、その輝きから考えてかなり霊格の高い神様だと思われる。砂澤はこの時、初めて眷属神の元祖の神霊を見たのではなかろうか。これによって砂澤はさらに信仰心を確かなものにしたことだろう。いずれにしてもこれは砂澤の究極の顕神《けんしん》体験である。

蛇足だが、砂澤はよく大神様のことを話してくれた。伏見稲荷に来るのは、大神様にお会いできるからだと言っていた。砂澤には大神様の声も聞こえていたようだ。大神様は明らかに眷属神とは違う神様で、砂澤はその区別ができていたにちがいない。

砂澤はこの壮絶な断食行を回想した時、さらに興味深い話をしてくれた。体力が落ちてしまい、体がふらつき、意識が薄れていった時、周り中から生き物の声が「うわーん」と聞こえてきたというのだ。植物たちが一斉にしゃべり出したのである。私はこの話を聞いた時、これぞ本当の意味でのアニミズムではなかろうかと思った。アニミズムは、万物は生きている、霊（仏性）を持っているという意味で使われることが多いが、砂澤のような経験を元にして生まれた言葉だったのではなかろうか。砂澤の動物や植物の声が聞こえる能力は、百日の断食中に開発されたのだろう。この時、超感覚的知覚が高度に働くようになったからだ。まさに自然の中に霊は宿っているのであり、砂澤はそれを実感したのである。

神様と交流できる霊能者は自然の様々なものから霊感を得ることができるといわれている。砂澤の体験はまさにそのことを示しているのである。アニミズムは八百万《やおよろず》の神、多神教の基礎である。原始神道はアニミズムだったといわれているが、稲荷信仰もアニミズムだったのである。

25　人体浮遊

見えない手

翻訳の勉強をしていると、思いがけなく原稿を書く仕事が入ってきた。この仕事を依頼してくれた会社の人に初めて会った時、以前書いた本を見せたのだが、それが原稿が書ける証拠として役に立った。仕事は京阪神の書店を調べて回り、そのガイド本を書くことだった。

私は仕事のことで砂澤に激怒されたばかりだったので、このことは報告しておいたほうがいいだろうと思って電話をした。ところが砂澤は意外そうな声で、「あんたは見えない救いの手があちこちからすっと伸びてくるね。もっと苦しんだほうがいいんだがな」と言った。砂澤には私に見えない何かが見えていたようだ。

二〇〇〇年の十月八日、伏見稲荷に出かけた。宿舎に着くと砂澤は不在だった。しばらく一階の待合所で時間を潰していると、砂澤が帰ってきた。市川さんと上田さんが一緒だった。砂澤は相変わらず首にコルセットを付けていたが、この日は元気だった。

一方、市川さんは酒焼けの赤ら顔をしかめて腕をさすっていた。何かあったのかと尋ねると、「市川さん、さきほど何もない所で突然転ばれたのです」と上田さんが説明してくれた。すると砂澤が「言うこと聞かないから、神様が怒って地面に叩きつけられたのです」と言った。

砂澤の周りでは、突然見えない力によって物が動くということがよくあったが、大の大人まで転がされてしまうのかとあきれた。

市川さんがいなくなった時、砂澤は「酒を止めろ。そうしないと命にかかわると昔から口を酸っぱくして言ってきたのに、まったく聞かないのでついに怒ったのです」と理由を打ち明けてくれた。

砂澤は以前、市川さんについてこぼしたことがあった。酒癖が悪く、夜、酒が入ると電話をしてくるので難儀するというのである。また酒を止めろと言うと、ビールは酒ではないと屁理屈をこねて絶対に止めなかった。砂澤は市川さんが酒の飲み過ぎで病気になって命を落としかけたのを助けたこともあった。

砂澤は、「この人は何度神様に溝に落とされたか分からない、今回が初めてではない」と言った。市川さんを転がしたのは神様だったのである。

市川さんはさすがにこのことが応えたのか、ついに酒を止めてしまった。翌年の正月に会った時、酒には手を出さずお茶ばかり飲んでいた。

身投げを決心

人の体に見えない力が働いて人が動くという不思議な現象は、砂澤自身も経験している。

砂澤は若い頃、お稲荷さんの他にお不動さんも信仰していた。ところが滝行をしていた時、体が宙吊りになったので、お稲荷さん一本でいくことに決めたという。しかし、その後もお不動さんの信仰を止めたわけではなく、私的に祀っていた。この宙吊りはいわゆる人体浮遊であるが、砂澤はそれに似た異変を他にも経験している。

砂澤は若い頃、オダイになるかならぬかで悩んでいた。「おみたま」は受けており、お稲荷さんは信仰していたのだが、専業の祈禱師になることに踏み切れないでいたのだ。そのあげく、何をやってもうまくいかないので、何もかもが嫌になってしまい、自殺する決心をした。ある日、トンネルの上から走ってきた列車めがけて身を投げたところ、気がつくと線路の脇に座って手を合わせていたという。なぜか無傷だった。

これは恐らく何か見えない力が働くか、砂澤の中に入るかして、砂澤が列車の上に落ちるの防ぎ、体を線路の脇まで移動させたと考えるしかないだろう。ＰＫ現象である。砂澤は何が起きたのか分からなかったという。砂澤の中に神様が入るようになったのはこの時からかも知れない。

私はこの話もにわかには信じがたかったが、のちに類似の話を本で読み、本当だろうと思うようになった。それは優れた霊能者だった故・本山キヌエの体験である。本山も次々と不幸に見舞われ、世をはかなんで海に身投げしたら、体が浮き上がって元の場所に戻ったというのだ。本山の場合は目撃者がいるので事実である。

優れた霊能者の中には、不思議な力によって命が救われるという経験をする人があり、それによって神の存在に目覚めていく人がいるが、砂澤にもそのような体験があったのである。逆にこのような体験をしていない霊能者は偽物とみていいだろう。

26　神像が語る

伏見稲荷参道の神馬

二〇〇一年が明けた。

前年、小渕《おぶち》首相が脳梗塞《のうこうそく》で倒れ、森喜朗《もりよしろう》首相に変わったが、その選び方が密室談合だと批判され、内閣発足時から支持率が低かった。

この年も正月に伏見稲荷に出かけた。砂澤は七十九歳になっていた。

この時も砂澤はお山をした。伏見稲荷名物の千本鳥居の林立する参道の入口の手前に、神馬像が安置されたお堂がある。砂澤はお山をする時、いつもここに参っていた。ここでニンジンを供えて拝んでから参道に向かうのである。

この日も同様だった。だが砂澤は拝んでいる途中で突然、後ろに並んで拝んでいた信者のほうを振り向いた。そして「この中に、以前ニンジンを供えるのを忘れたので次に持参すると言ったが、まだ持ってきていない人はいませんか」と言った。

するると市川さんが「しまった、ワシや。また持ってくるのを忘れた」と大声を上げた。一同爆笑したが、私は笑うよりも神馬像がしゃべったことにびっくりしてしまった。砂澤は神馬像とも意思疎通ができるのだった。

ところで、なぜ参道の入口に神馬像が置かれているのだろうか。古来、馬は益獣の代表で、神様の乗り物とされており、春になると山の神を載せて山から下りてくるといわれていた。稲荷山の参道入口の神馬像はこのことを表しているのかもしれない。

だが、これは民俗学の一般論である。伏見稲荷の場合はもう少し別の意味がありそうだ。稲荷神は二月の初午《はつうま》の日に鎮座されたとされており、神馬はこの「午《うま》の日」を記念しているのではなかろうか。また馬は狐の乗物とされているので、このことも表しているると思われる。狐と蛇ほど有名ではないが、稲荷信仰では馬も有力な神様なのである。

砂澤は神馬に参ることを、道中の安全を守っていただくためだと言った。つまり神馬を拝することは、お山をする時の安全祈願でもあったのだ。

砂澤には神馬について特別な思い出があった。百日の断食行をした時に、神馬が現れて砂澤を背に載せて運んでくれたのだ。その思い出があって、砂澤はいつも神馬像に感謝し、祈っていたのだろう。

ところで、この笑い話のような出来事によって、神様に祈る、あるいは誓うという

伏見稲荷大社参道の神馬舎

ことの本当の意味がよく分かるのではなかろうか。

　私は砂澤に会うまでは、神社の本殿の中は空だ、何もないのに祈って何になるのかと思っていた。しかし砂澤を見ていて考えを改めた。砂澤は虚空に祈っていたのではなかったのだ。本殿の中にいる私たちには見えないものが見えていたのである。本殿の中は空っぽではなかった。それが神社の本当の意味なのである。

　砂澤は祈ればそれが神様に通じることを日々身をもって示していた。そして神様がそれに応えられることも。それは本殿だけでなく神馬の場合でも同じだった。神様に祈ることや誓うことは、砂澤の場合、一方通行ではなく、神様が応えることだったのである。またそのことを示すことができる力のある人が本当の霊能者なのである。

狐の像が話す

砂澤の周辺では、奇現象がよく起きた。神馬だけでなく神像もしゃべった。稲荷神社には狐の像がつきものである。砂澤が稲荷山の御膳谷《ごぜんだに》に作った一五〇番のお塚の像は高価な絹の布の胸当てをしている。

砂澤がこの胸当てを作ったのは、このお塚に祀られている豊川という神様が、砂澤に「私は女の神様だから、ハートを隠してほしい」と言ったからだという。つまり神様が恥ずかしいので胸を隠してほしいと言ったのである。変な神様である。

そこで砂澤は胸当てを作ってあげることにした。京都の織物屋の知り合いに頼んで高級な絹の布を分けてもらい胸当てを作った。高価な絹の胸当てをしている神様は他にはいませんと砂澤は言った。

私は神様に性別があることを実感した。日本の神話には男女の神様が出てくるが、どうやら本当らしい。私は神様に性別などないと思っていたので驚いた。狐の像が対《つい》になっているのも雌雄を表しているのかもしれない。

この話からいくつかのことが見えてくる。砂澤には神像が話すことが分かったということと、神像に霊がかかることだ。これが神像の本当の意味ではなかろうか。神像は決して飾り物ではないのである。

私は長い間、なぜ稲荷神社に対の狐の像が置かれているのか不思議に思っていたのだが、ようやくその疑問が解けた。お塚の場合、神像にはお塚に彫られた神名の神様がかかるようだ。この神様は眷属神だろう。

神像が眷属神を表しているとすると、稲荷神社の本殿にいるのは稲荷の主神、大神様ということになる。伏見稲荷の場合は、主神が三神である。伏見稲荷神社は本殿と社前の狐の像で、大神とその使いである眷属の関係をはっきり表しているのである。だが、それらが見え、その言葉が本当に分かるのは霊能者、稲荷のオダイだけなのだ。

伏見稲荷大社本殿前の狐像

のちに砂澤は、自分のところに新しくやってきた神様について、像と神様の姿が重なって見え、その神様がよく話されると言った。これは「二重視」という霊視で、砂澤は物体と霊体が重なっているのが見えたのだ。

霊は霊体を持っているとされているが、肉体と霊体は同じ形をしているようなので、この場合、霊体は狐の形をしていたと思われる。このことからも霊は狐であることが明らかである。

しかし私は狐の霊がどうしても狐だとは思えなかった。もっと高度な霊が狐となって現れているのではないか、という疑いを捨てきれなかった。

衰弱と憑霊現象

御膳谷のお塚の前で祝詞《のりと》を上げていた時、砂澤の異変に気がついた。突然、祝詞を上げる声が途切れてしまうのである。最初は何事が起きたのかと驚いたが、見ると砂澤は眠っていた。誰も起こすわけにはいかないので、なすすべもなくその姿を見つめていた。ところが、しばらくすると砂澤は目を覚まし、また祝詞を上げ始めた。そのために祝詞は壊れたレコードのように繰り返しになってしまった。

私は砂澤がかなり衰弱しているのを実感した。老化の進行が目立つようになっていたし、全身が疲労の塊りという印象を受けた。目の下には黒い大きな隈《くま》が墨で塗ったように張り付いていた。

宿舎で食事をしている時も、砂澤は時々茶碗を持ったままで居眠りするようになった。だがこの時もしばらくすると、はっと目を覚まして食事を続けるのだった。

食事中に眠り込んでしまった時、砂澤は頭の辺りを手でしきりに払うしぐさをすることがあった。そして「××さん、あっちへ行って」とうるさそうにつぶやいた。また何かに引っ張られるように、体を大きく左右に揺らすことがあった。

砂澤が食事を終えて意識がはっきりしている時、私は一体何があったのか尋ねてみた。すると砂澤は、ある人の霊が来ていたのだと言って、その霊の名前を上げた。

この頃、このようなことがたびたび起きた。こうした異変を目にするたびに、私は霊の存在を感じた。だが、それにもまして実感したのは、砂澤の憑霊《ひょうれい》体質だった。砂澤に霊が寄ってくるのがはっきりと感じられたのである。

砂澤は憑霊体質で、常にたくさんの霊が寄ってきていたのだが、体力と気力がしっかりしている時は、いくら霊が寄ってきてもそれを寄せつけないだけの力があった。ところが衰弱してくると、それができなくなってしまったのである。このことから体力と気力が弱った時に悪い霊に憑《つ》かれることが分かる。

砂澤のような体質の霊能者が行《ぎょう》をしなくてはならなかったのは、ひとつには寄ってくる霊に負けないだけの強さを身につける必要があったからだろう。強い精神力と体力があれば、寄ってくる霊に勝てるのである。

このことはお祓《はら》いにも当てはまるようだ。砂澤は弱い霊など、ぽんと払えますと言っていたが、それは自分が強いからできたのである。この話を聞いた時、私はこの人は本当の意味でのお祓いができる人だと思った。

私は神社で神主さんがお祓いをしているのを見かけた時、何の意味があるのか不思議に思っていた。だが、お祓いにはやはりそれなりの意味と効果があったのだ。ただそれは誰にでもできることではない。やはり力のある霊能者でなくては無理なのである。

それにしても憑霊体質というのはつくづくやっかいなものだと思った。

27 神通力

神様を動かす

二〇〇一年二月十一日、伏見稲荷に出かけた。砂澤の容体が心配だったのである。だが砂澤は元気だった。私の顔を見ると、「春ちゃんのことを眼力さんにお願いしておいたから、よくお礼をしてきなさい」と言った。

春ちゃんとは心臓の手術をした親族の女の子である。その後、大病もせずに育ち、前年に公立高校に入っていた。この子が高校に入学した年、砂澤は奇妙なことを言った。「この子は某大学に受かります」。大学はある国立の有名大学だった。私はずいぶん先の予言だったので驚いた。

砂澤はさらに東京の有名国立大学の名前を上げて、「ここも受かるが、やめておいたほうがいい。東京に行ったら死んでしまうよ」とも言った。それでこの子は東京には行かなかった。

この判断は正しかったようだ。というのは、後日、砂澤が死んでしまうから行くなと言って止めたのに、それを無視して出かけてしまったために本当に死んでしまった人の話を聞いたからである。

お盆に大阪の娘に会いに行くと言った人がいたので、砂澤は行くと死んでしまうからよしなさいと止めた。しかしその人は無視して出かけてしまった。ところが駅のプラットホームで心臓麻痺を起こして死亡したのである。

このように砂澤は人の生死が恐ろしいほどはっきりと分かった。人が死ぬ時間を、日時はおろか何分まで予言した。もちろん死因も含めてである。

親族の女の子は高校に入って視力が低下し、眼鏡をかけることになった。ところが、左右の視力が極端に違うのでいい眼鏡がなかった。困った母親があれこれ調べていると、レーザーの視力矯正手術があることを知った。この手術は日本に導入され始めたばかりだった。

私はその話を聞いて、恐ろしそうな手術だからやめたほうが無難ではなかろうかと危惧した。失明でもしたら大変である。だが、母親が砂澤に相談すると、砂澤は母親が持参した医者のリストからある医者を選び、ここなら大丈夫だろうと言った。

そこで母親はその医者に手術を申し込んだのだが、手術日は一向に決まらなかった。母親はどうしてなのだろうと不思議に思っていた。二〇〇〇年の夏のことだった。

二〇〇〇年の秋、私は砂澤について稲荷山に上った。砂澤はいつものように御膳谷の眼力社に参ったが、ここで拝んでいた時、突然私のほうを振り向き、「春ちゃんの眼のことですが、微妙な年頃なので、神様は手術を少し先に延ばしておられます」と言った。砂澤はこの神様に女の子の眼のことを頼んでくれていたのである。このことから神様は予定を引き延ばしたり、いい時期を選んだりする力がある、つまり事態を動かす力があることが分かった。

手術日がなかなか決まらなかったのは、神様が手術日を延ばしておられたからで、この日、砂澤は改めて手術日のことを頼んでくれたのだった。私は稲荷山に上り、眼力さんに礼を言った。

稲荷山の眼力社

すると奇妙なことに、その直後に手術日が決まってしまったのである。手術は四月十一日に行われた。手術は成功し、女の子の視力は回復した。この子はこれで受験勉強ができるようになった。
　私はこの出来事で、砂澤が神様に参って何を願っているのか、そしてその効果がどのように現れるのか、その一端を知ることができた。砂澤は信者の願いを聞いてそれを神様にお願いし、神様はそれを実現してくれるのだった。砂澤には神様を動かす力があったのだ。これが砂澤の神通力なのである。
　それにしても、神様が信者の心や体の状態まで配慮して物事を動かしているとは思わなかった。

う。

先を見通す力

砂澤はお山をする時、必ず参拝する神様があった。それはこの眼力社と根上りの松だった。よほど神力が強いと思っていたのか、自分と相性がいいと感じていたのだろう。

眼力社でもお塚同様、変なことがよく起こった。

この社で砂澤が背負って連れて上がった目の見えない人が見えるようになったことはすでに述べたが、他にもおかしな出来事がよく起きたという。

例えば、砂澤は若い頃にここで行をしていた。深夜に眼力神を拝んでいると、他のオダイが割り込んできて重ねた大きな鏡餅を供えようとした。砂澤がよけて席を譲ろうとすると、そのオダイが持っていた鏡餅の下の一枚が抜け出して宙を飛んだ。そして鳥居を飛び越して砂澤の掌に載った。ＰＫ現象である。

気がつくと、ひとりの美しい白髪の老婆が立っていた。そして砂澤を指さして「このオダイさんは立派な福餅をもらわれた」と言った。さらに「出世しなさいよ、ダイ」と言い残して消えてしまった。

民話のような話だが、なかなかいい話である。砂澤は「眷属さんが私の仇《かたき》を討ってくれたのです」と言った。するとこの老婆は稲荷の眷属神の化身ということになる。

この老婆は砂澤の霊視したものなのか実際に現れたものなのか、私には分からない。とまれ砂澤の周辺ではこのような、突然何者かが現れるという異変がときどき起きた。これも砂澤の霊能者としての特徴だった。

この話は稲荷信仰についてある面を明らかにしている。ひとつは福餅である。つまり、稲荷信仰が福神信仰であることを物語っている。お塚には福神の名前がたくさん書かれている。

もうひとつは稲荷信仰が出世をもたらすということである。この出来事のせいかどうかは分からないが、砂澤は信者としても教師としても一番出世してしまった。そして、砂澤の作った三丹支部は最上位の支部に上り詰めてしまった。これはいわゆる出世稲荷と呼ばれているもので、豊臣秀吉の建てた出世稲荷神社が有名である。

私は眼力大神とは目や病気の神様だと長い間思っていたのだが、最近そうではないことを知った。

もちろんこの神様は目や病気を治すことにも優れているのだが、それ以上に先を見通す力が優れているといわれている。「眼力」とは目の力のことで、何でもお見通し、つまり先見の明があるということなのである。

狐は動物の中でも先を見通す力が優れていると昔からいわれてきた。眼力神はその狐の特性をよく兼ね備えた神様のようだ。したがって、砂澤はこの神様に先のことを多く教えてもらっていたにちがいない。

砂澤はこの神様がよほど好きだったようで、自分の建立したお塚のひとつにも神名を刻んでいる。

28 神様を使う

お供えの意味

二〇〇一年の三月、昨年の夏に翻訳した原稿が本になった。知人に原稿を渡してから音信不通だったので出ないだろうと思っていたのだが、出たので驚いた。

本が出たので、砂澤に礼に行った。砂澤は私に翻訳しろと言ったことを忘れていた。しかし、私が経緯を話すと、ようやく思い出したようで、またしても変なことを言った。「翻訳をすすめた後で、神様にあんたの過去の人脈をたどって仕事を持ってきてくれる適当な人を捜してもらったのです」

そういえば、私はこの話が舞い込んできた時、在社中さほど付き合いのなかった人がどうして声をかけてくれたのか不思議に思ったことがあった。その疑問がようやく氷解したのである。

砂澤が神様にお願いして仕事をしてもらっていることはすでに知っていた。神様を使うことは砂澤の霊能力のひとつであり、稲荷信仰の大きな特徴で、稲荷のオダイで本当に力のある人はそれができるのである。

砂澤は使っている神様を「眷属《けんぞく》さん」と呼んでいた。砂澤は眷属さんは神様のお使いをするもの、神様の弟子で修行中なのだと言った。私はこの頃になってようやく眷属とは使役神のことで、どうやら狐の霊や蛇霊らしいと気づいた。稲荷信仰は眷属信仰なのである。

眷属は一般的には狐だと思われているようだが、砂澤はミーさんもよく使っていた。眷属を使うには眷属と意思疎通ができなくてはならない。それには霊能力が必要である。

狐の霊はすでに見たように狐の像にかかったが、ではミーさんはどこにかかるのだろうか?

神名の刻まれたお塚の石碑にかかるようだ。

砂澤は、眷属さんに働いてもらうためにはお供えが必要だと言った。砂澤はよく「お供えを持ってきてください。お金でなくてもいいです。畑で穫れた新鮮な野菜でも構いません。神様もお腹がすいては働けません」と言った。神様はこの世の食物を食べるのかと驚いた。

そのせいか、砂澤の信者はよく自宅で作った野菜や米、果物、漁師であれば獲れた魚介類を届けていた。お金はその代替物なのである。稲荷信仰は原始経済だった。

私は砂澤がお塚にたくさんのお供えをするのを見て、一体何の意味があるのだろうかと疑問に思っていた。また仏前でお供えをすることの意味もよく分からなかった。ところが砂澤は、神様がお供えを食べると言う。それが本当だとすると、神様は供えたものの何を食べているのだろうか？　供えた後で下げたお供えは供える前と少しも変わっていないではないか。

疑問が解けたのはかなり後のことだった。眷属神はお供えの霊的エネルギーを摂取していたのである。そのためにお供えは何も変化したようには見えないのである。

神様は味も分かるようだ。砂澤は戦後の食べ物のなかった時代に、神様が上等の新鮮な鯛を買ってきてお供えしろと言われるので、探すのに苦労したという話をしたことがあった。

この話を聞いた時、私は神様も贅沢《ぜいたく》を言われるのかとおかしかったが、これは神様にも味の良し悪しが分かる、つまり味覚があるということではなかろうか。魚に限らず、食べ物は新鮮なものが美味いに決まっている。霊界には視覚や嗅覚同様、味覚もあるようだ。

のちに私は、人霊に関して似たような話を本で読んだ。それはある人が祖母の仏壇に祖母が生前好きだったお菓子を供えたところ、祖母の霊が霊能者のところに出てきて、お菓子がいつものものとは違って古くてまずかったと不平を言ったというのだ。つまり供えた人は忙しいので手抜きをしてしまい、適当にお菓子を見つくろってしまったのである。これによって、人霊にも味覚があり、お供えの何かを食べていることが分かる。

稲荷信仰の核心

砂澤は眷属とオダイの関係について面白いことを語っている。眷属さんを食べさせることができる甲斐性《かいしょう》のあるオダイには、多くの優秀な眷属が集まってくるというのだ。そして多くの優秀な眷属を使うと、オダイとして大きな仕事をすることができ、多くの奇蹟を起こすことができる。またそれを見て多くの信者が集まってくるという。

では、眷属を食べさせることができないオダイはどうなってしまうのだろうか？　クロさんに憑《つ》かれてしまうのだそうだ。

オダイに憑いた眷属は、オダイを助けながらオダイとともに行《ぎょう》を積み、成長していくという。この眷属とオダイの関係こそが稲荷信仰の核心なのである。

砂澤は眷属さんはおみたまを受けると、ついてこられるとも言った。おみたまとは分霊のことで、砂澤が秋の講員大祭でお神楽《かぐら》を受けた時に受け取っていたものである。神霊箱ともいう。最初の頃、私は箱の中には眷属神の霊が入っていると思っていたが、実際には神名の書かれた箱であることをのちに知った。ここに神様がかかられるのである。箱は大小九種類ある。

砂澤は十七歳の時におみたまを受けたが、その時からおかしなことがたくさん起き始めたという。おそらくついてきた眷属さんが働き始めたからだろう。

この時、ついてきた眷属さんは砂澤の守護神となった。守護神は、専業で祀ってくれるなら一生衣食住を保証すると砂澤に言った。これは神との契約で、稲荷信仰の特徴である。

稲荷の眷属神はシャーマンの補助霊に似ている。シャーマンは守護霊とともに補助霊をもち、使役すると言われている。稲荷信仰はシャーマニズムであるから、眷属神はシャーマンの守護霊や補助霊と同じではなかろうか。シャーマンは補助霊によって多くのことを知り、様々な奇蹟を起こすことができると言われている。砂澤も同じだった。眷属信仰のルーツはシャーマニズムにあるのではなかろうか。

砂澤は神様を使うことができたうえに、神様を人にかからせることもできた。

私は初めて書いた本ができた時、砂澤に本を届けたことがあった。この時、砂澤は私に「あんたは神様のかかりやすい人だ」と言った。何の意味かさっぱり分からなかったが、今になってようやくその意味が分かってきた。砂澤は私に神様をかけて仕事をさせていたのである。

では、砂澤は神様に何の仕事をさせていたのだろうか。私が原稿を書く助けをさせていたのではなかろうか。私はこの時はすらすらと原稿が書けたのだが、次のウォーキングの原稿はいくらがんばってみても少しも書けなかったからだ。

砂澤は神様のかかりやすい人とかかりにくい人がいると言った。そして素直な人はかかりやすいが、強情な人や人の言うことを聞かない人、疑り深い人はかかりにくいと付け加えた。

砂澤は眷属神を使い、眷属神から多くのことを教えられていたことは確かである。しかし砂澤の神様との交流はそれだけではなかった。眷属神はあくまでも使役神であり、砂澤は眷属神以外の神仏からも多くの教えを受けていた。それは稲荷の大神様であり、自然の様々な霊であり、お不動様や観音様だった。このような様々な神仏と交流できるのが砂澤の特徴だった。

29　滝行と水行

命がけの荒行

二〇〇一年の六月に、関西の書店について私が書いたガイド本が出た。この頃になると、他の仕事や就職口を探そうという意欲が薄れてきた。探してはいたが見つかりそうになかったからだ。

六月末の三十日に伏見稲荷に行った。この日は「夏越《なごし》の祓《はらえ》」というお祭りがあり、大きな茅《ち》の輪《わ》が境内に設置されていた。この輪をくぐると厄除《やくよ》けになるとされている。

ついで七月十六日に再度お呼びがかかった。何事かと思って出かけると、滝の行《ぎょう》をするのでついてくるようにと言われた。場所は弘法《こうぼう》の滝だった。

砂澤は若い頃、稲荷山にいる時は毎日のようにいくつもの滝を受けていたが、鞭打ち症になってから体が弱ってきたので、今日は滝に入らずに上田さんの滝行を指導すると言った。私は滝行を見るのは初めてだった。

弘法の滝の休憩所で砂澤と上田さんは白衣に着替えて滝場に向かった。上田さんが滝に入ると、砂澤は行場の入口に立って祝詞《のりと》を上げ始めた。ものすごい迫力だった。こうして滝を受ける上田さんを守っていたのである。上田さんも滝に打たれながら、一心に祝詞を唱え続けた。行場には何本もの灯明《とうみょう》が上げられていた。

行を終えて滝から出た後、上田さんは水に濡れた白衣を服に着替え、体を温めながら休んだ。

砂澤は滝に入るには作法があると教えてくれた。作法は教える人によって違い、また相応の準備や心構えが必要で、誰でも入れるものではないのだ。しかるべき指導者について、いたほうがよく、指導者なしに我流で入るのは危険だという。

私は滝行の意味が分からなかった。ただ、夏はともかくとして、冬は寒いだろうし、場合によっては心臓麻痺《まひ》を起こしかねない危険な行だろうと想像していた。

だが、砂澤は夏の滝は楽ではないと言った。夏の水は温かいが、体にじわじわと応えてくるという。逆に冬は氷水を浴びているようなものだから、冷たいという感覚は通り過ぎて、肌が刺されるように痛むが、しばらくするとそれすらも感じなくなってしまうそうだ。滝から出ると肌は真っ赤に腫《ふく》れ上がっており、湯気が立って体はぽかぽか温かい。

砂澤は滝を受けた時の話をよくしてくれた。岩場だから落石があって危険だし、蛇や百足《むかで》が出てきて体の上を這い回ることや、時には首に巻きついてくることさえある。それでも気にしないで、一心不乱に祝詞を上げ続ける。それができなければ無にはなれないのである。

砂澤の話には出てこなかったが、滝行は水量が多くなると、頭上から流れ落ちる大量の水で鼻孔が塞《ふさ》がれてしまい、窒息死する危険性がある。また水に流されてしまう危険性もある。やはり、この行は命がけの荒行なのである。

砂澤は若い頃、激しい滝を求めて各地の滝場を巡った。常に死を覚悟して臨んだという。しかし死なずにすんだ。

滝行は死を賭けた荒行なので、滝行を終えた行者の白衣を欲しがる人がいる。白衣を厄除け、お守り、死装束《しにしょうぞく》として使うのである。生死を賭けた行で死ななかった人の着ていたものは、それだけのありがたみがあると考えられているのだ。

徹底的な潔斎の行

では、滝行にはどのような意味と効力があるのだろうか?

砂澤は、滝を浴びると、憑《つ》いている悪い霊を落とし、憑いている善霊を清めることができると言った。また心身の浄化作用もある。滝行は徹底した潔斎の行なのである。

しかし心構えが悪いと、逆に変な霊を拾ってしまうこともある。滝場には悪霊がたくさん落ちているからだ。

砂澤は、滝場には龍神様やお不動様などの神仏がおられますと言った。そのために神仏の声が聞こえてくるし、異変がよく起こる。例えば、滝場でお灯明が飛んだことがあり、これは同行した信者の奥さんが倒れるお告げだった。

この日、滝行をした上田さんはお不動様が見えたと言った。砂澤は滝場では龍神様が出てきて白い腹を見せてくれることもあると言った。このように滝場は行場であるとともに神仏が宿る霊場であり、滝稲荷と呼ばれている。

一般的に、滝行をしていると神様が降りてこられるといわれており、オダイになるために行をしている人に初めて神様がかかるのも、滝行の時だと言われている。行者は滝に入ると、水に打たれながら一心に神拝詞《しんぱいし》や般若心経を上げ続ける。砂澤は、滝に打たれながら一心にこれらを唱えていると、声と一体になり全てを忘れてしまうことができると言った。つまり無になることができるのである。

神拝詞や般若心経はお塚でも上げるが、これらを上げることはオダイの重要な行のひとつである。これによって行者は聖化され、神と一体化するとされている。

神拝詞や般若心経を上げることや滝行が霊能力の開発に役立つことを知ったのは、後のことだった。

これらを唱えることは、喉《のど》のところにある「ヴィシュダ」というチャクラが刺激されるので、霊能力の開発に有効である。同様に、滝行は頭頂を水に打たれ続けるが、これは頭頂の「サハスラーラ」というチャクラが刺激されるので、やはり霊能力の開発に役立つのである。このように行は全て霊能力の開発と関係があり、しかるべき理由があったのである。

滝行と似た行に水行がある。これは川に入って行をすることである。砂澤は若い頃は川のそばに住んでいて、毎夜、川に入っていたという。

水行の簡単なものは、バケツなどに入った水を何杯も被ることである。これは水垢《みずご》離《り》を取るという。近くに川がない時や緊急時には、このバケツの水を被っていたそうだ。

このように稲荷のオダイの行の特徴は、水行を重点的に行うことである。徹底的な潔斎の行なのである。

これは神道のミソギ（禊）と関係があるのだろう。神道はケガレと罪を嫌い、それを落とすためにミソギ、つまり水行を徹底して実践するからだ。

滝行を含めて水行を徹底的に行うのは、水の生命力によって汚れケガレを洗い落とすとともに、新しく宗教的な生命力を得ることができる、と信じられていた。

古代、水には神的な力があり、呪力があると信じられていたし、水には人を再生させる力があるとも信じられていた。水行はこれらの力を得るために行われてきたのだ。

砂澤は滝を浴びるとすっきりした気分になり、体も丈夫になると言った。夏のひととき、蟬《せみ》しぐれの中で、私は滝行の体験談に耳を傾け続けた。

30　自然の異変が分かる

年季明け

二〇〇一年は六月に関西の書店について調べて書く仕事が終わり、仕事が途切れてしまった。そこで自分で企画して原稿を書くというスタイルに切り変えた。

日本は四月に支持率の低かった森内閣が退陣し、小泉純一郎《こいずみじゅんいちろう》内閣に変わった。七月二十九日に参議院選挙があり、小泉首相率いる自民党が圧勝した。

九月十一日、ニューヨークなどで同時多発テロが起き、世界を震撼させ、多くの死者が出た。ついで米・英がアフガンに侵攻した。

十月四日に伏見稲荷で砂澤に会った。砂澤は、「同時多発テロが起きた時にたまたまテレビをつけていましたが、飛行機がビルに突っ込んだ瞬間が画面に流れると、通常のボリュームをはるかに上回る大音量で、ものすごい爆音が聞こえてきました」と言った。異常な聴覚である。聴覚に限らず、砂澤は全ての感覚が鋭敏で異常だった。

そして鈍痛のあった重い首の症状がすっと軽くなったと付け加えた。砂澤は鞭打ち症になった時、神様に二年間我慢しろと言われたという。その年季明けが九月十一日だったのである。砂澤の首から白いものが取れたのはこの頃だった。しかし首は曲がったまま元には戻らなかった。

重大な予言

十一月八日、伏見稲荷に出かけた。この時は火焚祭《ひたきさい》を見物するためだった。火焚祭は神様を山に送る神事で、境内の広い空き地で行われる。一年間に神社に集まった参拝者の願い事が書かれた火焚串を空き地に積み上げて燃やしていく。晩秋の冷気の中で、その炎を見つめながら、参列者の唱える祝詞《のりと》が響き渡る。

火焚串の量はさすがに大神社だけあって大変な量である。全てが燃え尽きるまで長い時間がかかった。こうして集まった人びとは災厄を払うことを願うのである。これは風情のある神事である。火焚祭はこの本社主催の祭りを皮切りに順次、山中の神蹟で個別の火焚祭が行われる。

火には焼き清める霊力があると信じられており、この神事は火神に火を献じる儀式でもある。火神は自然神であり、稲荷神は火神でもあるのだ。人びとは火神の降臨を願い、商売繁盛と火防を願うのである。

二十八日に私はまた伏見稲荷に出かけ、二十九日にお山についていった。砂澤はお塚の前で奇妙な予言をした。「これから天地がひっくり返る。火、火、火だ。みんな燃えて平らになる。海が燃える。魚は賢いのでもう逃げ出している。これからは地震と火だ」という内容だった。

これはかなり抽象的な表現だったので、この時は何のことかよく分からなかった。しかし、東北大地震と福島の原発事故を経験した今となっては、ひょっとしてそのことを予言していたのではなかろうかと思うようになった。

砂澤にどこまではっきりと見えていたのかは分からないが、現に地震は起きたのだし、二〇一六年四月には九州の熊本を中心に大きな地震が発生した。南海トラフ大地震や東京の直下型地震も起きるといわれている。したがって、これから「地震だ」というのは当たっていた。

火災は福島ではあまり発生しなかったが、福島原発の核燃料はメルトダウンして残っており、いまだ高熱を発しているわけだから、これを一種の火とみなせば、当たっていたのではなかろうか。象徴的なのが、海が燃えるという言葉である。私は海底火山でも爆発するのかと思っていたのだが、海のそばの原発事故を意味していたのかも

りだ。

しれない。

「天地がひっくり返る」という言葉は、大地震の巨大な揺れや津波を考えるとぴったりだ。

砂澤はまたこの頃から奇妙なことを言い始めた。「海が暖かくなって、魚がいなくなり、巨大なクラゲばかりになっている。魚が獲れなくなって、漁師は困っている」

砂澤は山間部の町に住んでいたので、近くに海はなかった。それなのに、海の中のことをさも見てきたかのように語った。のちに原発の排水口にクラゲが付着してトラブルが起きているという記事を雑誌で読んだ時、砂澤の指摘が本当だったことに気づいた。また原発が止まった時、クラゲが発生しなくなったという記事も見た。巨大クラゲの発生は原発の出す排熱と温水が原因だったのである。

だが、私はこの時、海が暖かくなっているのは、当時騒がれ始めていた地球温暖化のせいだと思い込んでいた。原発のことはまったく頭になかった。しかし、原発の近海が温かくなっているのは原発が海に排出する大量の温水が大きな原因だったのである。

福井県は原発銀座だが、砂澤の住んでいたところは原発銀座にかなり近かった。また砂澤が一時期暮らしていた鳥取港も原発のある島根と福井に挟まれているため、排熱による影響を受けていた。当時、日本の原発はフル稼働していたので、その排熱の総量は膨大だった。

　鳥取には砂澤の信者がいて漁師だった。この人は毎日の漁獲量を砂澤にいちいち報告して、獲れたものを送ってきていた。そういう関係で、砂澤は海のことが気になっていたのかもしれない。稲荷神は普通農業神とされているが、漁村でも多く祀られている。稲荷神は漁業神でもあるのだ。

　私は原発のことに頭が行かなかったが、のちに当時、原発事故が起きていたことに気づいた。それは砂澤が予言する前のことで、十一月七日だった。静岡県の浜岡原発で原子炉の配管破断事故が起きていたのである。

　予言というのは、後で何とでも解釈できると人は批判する。確かに予言にはそういう面がある。しかし砂澤の予言は、個人に関しては非常に精度が高く正確だった。そのために私は自然の異変についてもこの人の予言は嘘だとは思えないのである。動物は自然の異変に対しては鋭い直観をもっているからだ。

　砂澤は自然の異変に敏感だった。例えば、砂澤は一九九〇年に九州の雲仙《うんぜん》地方を旅行した。すると神様が危ないからすぐに帰れと言われた。そこで急いで雲仙を離れると、その直後に雲仙の普賢岳《ふげんだけ》が噴火したという。

咳の神様

お塚を拝み終わった後、砂澤は御膳谷の社務所に立ち寄った。この時、私は市川さんにちょっと参りたいところがあるので一緒に来ないかと誘われた。砂澤の社務所での用が長引きそうだったので、ついて行くことにした。

この時、市川さんの奥さんが同行された。市川さんは夫婦でよく来ていたが、奥さんとは話したことがなかった。

市川さんは御膳谷からの下山路とは逆の方向へ道をたどった。しばらく歩くと、「薬力さん」という神様が祀られていた。その少し先に「おせきさん」という神様が祀られていた。

市川さんは、この神様は咳《せき》を鎮めてくれる神様だと言った。小さな建物の中に状差しが設置されており、その中にたくさんの葉書が差し込まれていた。見ると、咳で苦しんでいる人たちからの咳を止めてほしいという願いが書かれていた。葉書の宛先は「京都市伏見稲荷おせきさん」としか書いてないものまであった。それほど有名な神様らしい。世の中にはこんなにもたくさんの人たちが咳で困っているのかと驚いた。

市川さん夫妻は以前からここに参っていると言った。奥さんがひどい喘息《ぜんそく》で苦しんでいたからだ。おせきさんに参拝して引き返す途中で、奥さんはこれまで何度か激しい発作が起きて死にかけたが、その都度助かったと話してくれた。特に二回目の時はひどくて、意識がなくなった。朦朧《もうろう》としていると、土の中に入ろうとしているのを感じ、五色の幟《のぼり》が見えた。すると意識が戻り、咳がぴたりと止まったという。

この五色の幟は真言宗のものだろう。五色は真言宗の教理である宇宙の五種の性質を象徴している。したがって奥さんの意識に現れたのは仏教系の稲荷だったのではなかろうか。

後で砂澤に話を聞くと、実はこの時、死んでいてもおかしくはなかったのだと言った。砂澤の信者たちは、それぞれが何らかの深刻な体験をしているようで、死ぬ寸前で命拾いをした人がたくさんいた。人の命を救うことも砂澤の霊能者としての特徴だった。

31　神様の怒り

死期が分かる

年が明けて二〇〇二年になった。同時多発テロの影響でアメリカは不景気になり、その影響で日本はますます景気が悪くなった。デフレが定着し、企業のリストラは加速した。

この年、私は正月と二月に砂澤に会ったが、それ以後は個人的な事情であまり会えなかった。

正月に伏見稲荷に行った時、三日に市川さん夫妻が来られた。奥さんは一段と疲れがひどくなったように見えた。そして、しんどいので今年は皆さんについて山にはとても上れませんと弱音を吐かれた。

砂澤は、市川さん夫妻が部屋に入って来た時、奥さんを見るなり別の部屋に行って休みなさいと言った。その言い方がひどく冷淡に感じられた。砂澤はそれから奥さんの近くに行かなかった。優しい砂澤にしてはどうも態度が変だった。市川さんは翌日、奥さんの体調不良を理由に、奥さんを連れて帰ってしまった。

砂澤の態度が冷淡だった理由は後日判明した。それは二月七日に伏見稲荷に行った時だった。

砂澤は私の顔を見るなり、市川さんの奥さんが亡くなったと言った。それは一月に市川夫妻が伏見稲荷を引き上げた直後のことだった。そしてあの時、奥さんを遠ざけたのは、お迎えが来ているのが分かったからで、可哀そうだとは思ったが近づけなかったのだと言った。お迎えとは仏さんがついていたという意味らしい。つまり、あの世からのお迎えである。私はこの人はそんなことも分かるのかと驚いた。

砂澤は新仏を相手にするのは本当にしんどいと言った。新仏とは死んだばかりの霊のことらしい。そして神様は軽いが新仏は重くて困りますとつぶやいた。

新仏についても同じことが私の身にも起こった。三月に母親が他界したのだ。砂澤に喪中の時は神社に近づいてはいけないと言われていたので、私は三か月近く砂澤に会わなかった。これもオダイが新仏を敬遠する一例である。

砂澤のこの態度は、神道が新仏を嫌うためだろう。神道は人の死を最大の汚れと考えているからだ。だが、新仏が重いというのは霊能者でなければ言えない感想である。

久しぶりに砂澤に会ったのは、七月一日だった。実家から仕事場に帰る途中に内記稲荷に挨拶に立ち寄ると、砂澤は境内の隅で若い女性と何か作業をしていた。

私は挨拶をすませると、母親が他界したことを報告した。すると砂澤は、母親の戒《かい》名《みょう》を紙に書いてそれをよく拝みなさいと言った。

砂澤は御祈禱の時、常に氏名と生年月日を書いた紙片を要求した。これは何のために使うのだろうかといつも不思議に思っていた。のちに砂澤は紙片を見れば本人に会わなくてもその人のことが分かると言った。これは砂澤の霊能力の特徴だった。私は紙片は霊の依代《よりしろ》ではなかろうかと思うようになった。

この紙片は、新仏になると戒名を書いた紙片に変わるようだ。これから類推すると、位《い》牌《はい》は霊の依代ということになる。

のちに砂澤は私の額のところを指さして、「お母さんが憑《つ》いてあなたを守っておられます」と言ったことがあった。私に母親の霊が憑いていることが分かったらしい。これは亡くなった肉親の霊が守護霊として子孫に憑くことを示している。

言葉が実現する

七月一日に砂澤に会った時、砂澤は市川さんが亡くなったと言った。これには驚いてしまった。奥さんが亡くなったばかりではないか。

砂澤はその経緯を説明してくれた。市川さんは奥さんを亡くし、寂しさを紛らわすために、砂澤に止められていた酒をまた飲み始めた。それに気がついた砂澤は、命を縮めてしまうから止めるように言った。しかし、市川さんはもう止めることができなかった。

見かねた砂澤は、ついに「あんたなんかもう知らん。死んでしまえ」と突き放した。それを聞いた市川さんは、「死にたくないよ。神様、助けてくれ」と叫んだという。

市川さんが遺体で発見されたのは数日後だった。自宅の庭で倒れていたのだ。私は砂澤の言葉が実現したと思った。砂澤はよく、自分は思ったことがすぐに実現してしまうと言っていた。この現象は霊能者の特徴である。専門的にいうと心のエネルギーが物事を動かすのである。

市川さんは神様に見放されたと恐怖を抱いたのではなかろうか。市川さんは長い間、砂澤の世話になっていたので、神様のありがたさとともに怖さもよく知っていたにちがいない。

砂澤は「神様は普段は優しいですが、怒られると怖いですよ」とよく言った。神様が怒ったために実際に人が死んでしまった話もいくつかしてくれた。

この事件は日本の神様の二面性をよく表している。昔から日本では、神様は怒らせると怖いといわれてきた。日本では神様は怒ると祟《たた》るのである。稲荷神も同様だった。

市川さんは昔、酒のせいで痛風《つうふう》になり、それが頭にきて死ぬところを砂澤に助けられたことがあった。それから砂澤に命をつないでもらっていたのだが、ついに砂澤は匙《さじ》を投げてしまったのだろうと私は思った。

しかし、事の真相は私が想像したほど単純なものではなかった。十数年後、私は砂澤のことを調べるために砂澤の最期を看取った上地さんに会いに行った。上地さんはその時の事情を話してくれた。

上地さんによると、市川さんは電話で砂澤に自分と組んで神様を祀らないかともちかけたという。そうすれば収入になることは確かで、市川さんはおそらく欲が出たのだろう。それを聞いた砂澤は烈火のごとく怒った。自分が作った支部が乗っ取られると思ったのかもしれない。

この件に関しては、砂澤が私に話してくれたことが本当だったのか上地さんの話が本当なのか判断できないが、後者にリアリティを感じる。


日本は景気がますますひどくなっていた。小泉首相は郵政民営化などの構造改革を掲げていたが、反対者が多く一向に進まなかった。

砂澤は前年あたりから、寄る年波と体力の低下を自覚したせいか、引退と身の振り方について話すようになった。後継者の問題、三丹支部はどうするかなどの問題の処理が控えていた。

　また、砂澤の自宅のある地域が道路になることが以前から決まっており、いよいよそれが実施されることになったので、砂澤は市から立ち退きを迫られていた。そのために引越先をどこにするかという問題も生じていた。

　政治上は無駄な道路は作らないことや道路公団の民営化が政策に上がっていたが、砂澤の住んでいた都市では相変わらず道路が作られようとしていた。

32　因縁が分かる

因縁と直観

　二〇〇一年の秋から、私は原稿を書くために取材で出歩くようになった。すると体が以前よりも重く感じられた。体調もよくなかった。原因は、ウォーキングを続けていたものの、会社を辞めて部屋にいることが多くなったので運動量が落ちていたことと、ビールの飲み過ぎだった。

　これではいけないと思い、二〇〇二年の七月一日に市川さんの話を聞いたこともあって、ビールを飲むのを控え、運動量を増やすことにした。すると体調が少しずつよくなってきた。

体調がよくなってきた頃に砂澤に会った。砂澤は私を一目見て「体の調子がよくなったね」と言った。この人は一目見ただけで、人の体調の良しあしまで分かるのかと感心した。

これと似たことが以前にもあった。年が明けると、毎年、砂澤のところに受験生が合否を尋ねにやってきた。伏見稲荷にやってくる人も何人かいた。砂澤はそういう人に会った後で、「あかん、さっきの人は受からんな」と事もなげに言うことがあった。

私が神様に伺わなくても分かるのですかと尋ねると、砂澤は「これくらいのことは本人を見ただけですぐに分かります」と言った。砂澤は神様に伺わなくても直観で分かることも多かったのである。

また砂澤はある時、「人を見ただけで、どんな人かすぐに分かります。その人の持っている因縁も含めて」と言った。これもまた霊感であり直観だった。

砂澤は因縁のよく分かる人で、体の異常も因縁のせいにすることがあった。例えば、ある家にものの言えない人がいた。砂澤は、原因はその家の先代が砂澤の祖母から借金をして返済しなかったことだと言った。返済する前に借金で作った船が沈んでしまったのだ。砂澤の祖母は砂澤と同じ仕事をしていた。砂澤は神様のお金を借りて返さないからこんなことになったのだと言った。

砂澤は人のことだけでなく、土地や家のもっている因縁もよく分かった。例えば、ある人が土地を買おうとした時、この土地は以前工場が建っており、事故が起きて死傷者が出ているのでよしたほうがいいと止めたり、家を見て首吊りのあった家だから買うのは止めたほうがいいと忠告したりした。こうした凶事は因縁として残るというのである。

また、教会を建てたいので共同出資者にしてほしいとある人が砂澤に申し出た時は、申し出た人のお金は先代が農地改革の時にいい土地ばかり取って作ったお金だからよくないと言って、申し出を断ったこともあった。砂澤はお金にまつわる因縁も分かったのである。

日本では建物を新築する時、地鎮祭《じちんさい》が行われることが多い。この時、神主さんがお祓《はら》いをする。砂澤を見ていてこの神事の意味が分かった。土地には様々な霊が憑いており、因縁もあり、それらを払って清める必要があるのだ。

土地に限らず、家を買う時も砂澤に見てもらい、お祓いしてもらう人がいた。これは新築清めである。地鎮祭とともにオダイの行う御祈禱のひとつである。

因縁は仏教では起源とか原因という意味だが、関係という意味もある。私は因縁は迷信だと思っていたのだが、砂澤を見ていると本当にあると思われてくるので不思議だった。

縁をたどる

砂澤は因縁だけでなく人の縁もよく分かった。以前本を持参した時、神様が私の縁をたどって人を捜したことを知ったが、神様は人の持っている縁が分かるようだ。

そのために、砂澤は縁結びもしていた。砂澤のところには結婚の相談もよく来ていたが、良否をすぐに答えていた。結婚してうまくいくかいかないかが、すぐに分かったようだ。

そのせいか、うまくいかない時ははっきりとそう答えていた。ある人は半年持たないと言われたにもかかわらず、その忠告を無視して結婚してしまった。だが予言通りぴったり半年後に離婚してしまった。

また高校生の男女三組がやってきて、結婚するつもりだがうまくいくだろうかと砂澤に尋ねたことがあった。その時、砂澤は全員離婚すると言った。数年後にある女性がやってきて言われた通りになりましたと言うので、何のことかと思ったら、その時の女性のひとりだった。もちろん砂澤は言ったことをすっかり忘れていたが、三組全員が離婚していたのである。

砂澤は縁結びをしていたので、仲人《なこうど》を頼まれることが多かったし、生まれた子供の名前をつけることも依頼されていた。神様は難しい字をよく知っておられますと砂澤は言った。神様は砂澤の知らない字をよく名前に使ったようだ。

出産に関して、私の印象に残った話があった。信者の中に結婚して十年にもなるのに子供ができない夫婦がいた。ある時、砂澤はふたりに対して焼酎を飲むように言った。するると、ほどなく奥さんの妊娠が判明した。砂澤はふたりとも体が冷えていたのが不妊の原因だったので、焼酎を飲ませて体を温めさせたのだと言った。

また別の女性で妊娠した人がいた。逆子《さかご》だったので心配していたところ、砂澤にそのことを話すと、その後に正常な位置に戻った。砂澤の信者にはこうした変なことがよく起こった。

砂澤は安産祈禱もよく行っていた。

33 人の進路を決める

お塚を作る

日本は二〇〇二年の九月に北朝鮮との間で日朝首脳会談が実現し、拉致《らち》問題が脚光を浴びたが、一方で株安とデフレが続き、不良債権の問題は未解決のままだった。

十月九日、私は伏見稲荷に出かけた。伏見稲荷では講員大祭が行われていた。この時、砂澤は予想外に元気で、珍しく話を聞かせてくれた。

砂澤は七基目のお塚ができたので、先日除幕式があったと言った。砂澤は一九六九(昭和四十四)年に最初のお塚を作ってから、次々とお塚を建てていた。「神様にお塚を八基作るように言われています」と砂澤は言っていた。その七基目ができたのだった。稲荷信仰はお塚信仰なのである。

お塚を作るには大変な費用がかかり、その後の管理維持やお供えの額も馬鹿にならないので、相当な資力がなければ作ることはできない。お塚を作ることはオダイとし

三丹支部のお塚と砂澤

ての優れた能力の証しなのである。

この時、砂澤は八基目も作ると言ったが、体力も衰えているし収入も減っているようなので、無理ではなかろうかと危惧した。しかし、砂澤は引退後に八基目のお塚も作ってしまうのである。

のちに八基目のお塚を調べてみると、奇妙なことに気づいた。神名のところに、「豊受」「豊川」という三丹支部の神様の名前とともに、不動と弘法大師《こうぼうだいし》の名前が彫られていたのである。お不動様は最初インドの神様だったが、仏教に取り込まれて仏となり、日本では密教と山岳修験の仏となった。その仏様が神様として祀られ、しかも実在の人物だった仏教僧の空海《くうかい》までが神様として祀られているではないか。

八基目のお塚は砂澤が最後に作ったお塚だけに、砂澤が何を一番信仰していたかをよく表しているし、稲荷信仰が狐や蛇だけでなく、もっと広範な神仏を含んでいることをよく示している。

この日、伏見稲荷に来ていた信者で初めて会った人がいた。上地さんだった。砂澤は若い頃に上地さんの家のそばに住んでいたと言った。そして上地さんのところに引っ越すつもりだと言った。しかし、その後も砂澤はなかなか引っ越さなかった。そのために混乱が生じた。

適性を見抜く

砂澤は伏見稲荷に様々な形で寄付をしていた。稲荷山には砂澤の名前の書かれた物がたくさんあった。また名前の書けない消耗品も数多く寄付していた。秋の講員大祭には落語を奉納していた。砂澤の信者に女性落語家がいて、この人が落語会を主催していた。

女性落語家は大学を卒業する時、自分がこれから何をしたらいいのか分からなくて砂澤に相談に行った。すると砂澤は落語家になれと言った。普通このような仕事は勧めないものだ。

この女性は落語が好きだったので、予想外の答えに驚いてしまったものの、その気になってしまった。砂澤の人の心を読む能力を示す一例である。

これに驚いたのが父親だった。ひとり娘に落語家になどなられてはたまらないというわけで、猛反対した。養子をもらって平凡な結婚をしてほしかったのである。だが、砂澤は折れなかった。

面白いことに、女性は落語家になったが、結婚相手が見つかると、その男性は養子に入ってくれた。

このように砂澤は、人の進むべき道を本人の思ってもみなかった方向にもっていくことがあった。例えば、上田さんの息子は、親がお寺とは何の関係もない職業だったのに、僧侶にされてしまった。この人も大学を卒業する時、進路が決まらず、オートバイで自分探しの旅に出ようとしたことがあった。その時、直前になって突然腹痛が起こった。その直後に砂澤のところに長通寺の住職が来られ、青年を見るなり、弟子にしたいと言って連れて帰ってしまわれた。砂澤は、腹痛は神様が起こされた足止めで、その間に住職を呼ばれたのだと言った。これがきっかけとなって、青年は僧侶になった。

逆に砂澤は、仕事が本人に向いていないと思った時は、本人が希望しても止めていた。そのために、コンピュータ関係志望の青年が料理人にされてしまったこともあった。

砂澤は人にはもって生まれた決まった道というものがあって、早くからその道に進めばうまくいくし、気づかずに他の道に進むとうまくいかないと言った。「私は信仰の道が嫌でたまらなかったが、結局この道しかないので観念したのです」と自分の道を回想した。

のちに前世やカルマについて調べていた時、人は前世と同じ道を歩むことが分かってきた。砂澤は前世も、稲荷信仰の優れた行者だったのではなかろうか。そのために、本人は嫌だったのだろうが、砂澤の前世を知っている神仏にこの道に引っ張られてしまったのだろう。

また、前世で優れた霊能力があった人は、再生しても子供の頃から霊能力があるというが、砂澤はその好例である。

では、砂澤は前世が分かったのだろうか？　二重視ができたので、少しは分かったのかもしれない。

砂澤は「私の信者さんには、大学教師もいれば、弁護士もいるし、お坊さんや落語家までいます。皆さん出世されています」と言った。人の進路や職業を決めてしまうのは、砂澤の特徴だった。霊能力によって適性が分かったようだ。

当時、私はまったく気づいていなかったのだが、今にして思えば、私もまたそのひとりだったのかもしれない。私は仕事を変えられてしまった。砂澤は私のやるべき仕事を指示し、実際に仕事を作り、その方向に進ませてくれた。おかげで私は一度も考えたことがなかった仕事をするようになってしまった。

この時、砂澤は数年前に私が送った原稿を持参していた。それを鞄《かばん》から取り出してきて、いきなり本にしますと言ったので面食らってしまった。

しかし、本にすると言われても、どうしていいのか分からなかった。まだ分からないこともたくさんあった。それで一度考えさせてくださいと言って原稿を受け取った。

砂澤は「神様がだいぶ分かってきたようだとおっしゃっていますよ」と言った。神様は私の頭の中まで見抜いているのかと驚いたが、私はほとんど何も分かっていなかった。

34　神蹟での除霊

根上りの松での行

二〇〇三年が明けた。日本は前年の秋に北朝鮮から五人の拉致被害者が帰国し、世間を驚かせた。

二〇〇三年の正月は天候があまりよくなかった。私は四日に伏見稲荷に出かけた。砂澤に会うと、そばにいた上田さんが「昨日、大変なことがありました。先生は根上りさんで除霊されたんですよ」と教えてくれた。すると砂澤は「正月だというのにしんどい行《ぎょう》をさせられました」と疲れ切った表情で言った。

私はこの人は除霊もできるのかと驚いた。砂澤は八十一歳になっていたが、それでも除霊ができる力が残っていたのである。体力といい気力といい、この人は並みの老人ではなかった。

ふたりの話を総合すると、前日一月三日、ある人の紹介で鳥取から母親に連れられて、若い女性が砂澤を訪ねてきた。女性は大学生だったが、いつ頃からか部屋に閉じこもってパソコンばかりいじるようになり、冷たいものしか食べなくなってしまった。そして生気が失われ、痩せ細ってしまった。医者に見せても原因が分からないと言われ、困ってしまった母親が砂澤のところに相談に来たのだった。

砂澤は根上りの松という神蹟まで、女性を連れて上がった。根上りの松は神木で、稲荷山の奥社の少し先の左手に祀られている。

三日も天気が悪く、雪混じりの雨が降っていた。砂澤は天候のことや自分の体力を考慮して、御膳谷《ごぜんだに》までは上がらずに宿舎から近いこの神様を選んだのである。

た。砂澤は緑内障が進行し、ほとんど視力を失っていた。それでも杖もつかずひとりで歩くのだから、驚くべき老人だった。砂澤はほとんど何も見えないが、かすかに線が見えるのでひとりで歩くことができると言った。転んだり躓《つまず》いたりは一度もしなかった。

根上りの松に到着した砂澤は、女性と母親と上田さんを従えて御祈禱に入った。雪混じりの雨が横殴りに吹きつける中で、手が寒さでかじかんでしまうほどだった。それでも御祈禱は長い時間続いた。すると驚いたことに、しだいに女性の頰に赤みがさしてきた。

山を下りて宿舎に戻った一行は暖を取り、温かい飲み物を飲んだ。この時、女性は初めて温かい飲み物をすすった。それを見た母親は驚き喜んだ。女性は礼を言った。それは初めて砂澤に対して女性が口を開いた瞬間だった。

砂澤は母娘にこれから徐々によくなっていくが、完全に復調するまでは長い時間がかかると告げた。

霊の説得と除霊

砂澤は女性の症状の原因を話してくれた。女性には近くの海の底に沈んでいる祀られていない男性の霊が憑《つ》いていたのだ。それで女性は冷たいものしか食べなくなってしまったのである。

祀られていない霊は人に憑き、人のエネルギーを吸い取ってしまうと砂澤は言った。女性は憑いていた霊にエネルギーを吸い取られていたので、生気を失っていたのだ。

砂澤は御祈禱しながら、女性に憑いていた男の霊に、女性から離れるように説得した。しかし、なかなか男の霊は言うことを聞かなかった。それで手こずったために時間がかかってしまったのだという。

お正月だというのにひどい目にあいましたと、砂澤は消耗しきった顔で言った。そして部屋に籠ってひとりでパソコンばかりやっているから、あんな悪い霊に憑かれてしまうのです、と今の若い人の生活を批判した。

私はこの話を聞いて、除霊のできる人が本当にいることを知った。除霊は御祈禱し霊を説得することによって、憑いている人間から離れさせることなのである。そのためには除霊をする人に霊が憑いていることが分かり、霊とコミュニケーションできる能力がなくてはならない。除霊は霊能力のひとつである。

霊が原因で起きる病気や体の変調は、すでに述べたように祀られていない霊を祀ることによっても治せるのだが、このように霊に直接語りかけて説得することによっても治すことができるのである。

この女性は半年間でほぼ元通りに回復したという。

このように書くと、砂澤は何でも除霊できたように思われるかもしれないが、実はそうではなかった。

私はのちに福山さんからある話を聞いた。福山さんは宗教家でお不動様とお稲荷さんを信仰している。その福山さんにお不動様がかかり、砂澤に取れるものなら取ってみろと言った。砂澤は挑戦したが、どうしてもお不動様は福山さんから離れなかった。

これは砂澤が若い時の話で、砂澤はもっと力があったのだが、それでも強い神様になると負けてしまうのである。この話から霊には強いものと弱いものがあり、取れるか取れないかは霊の強さ、つまり力関係によって決まることが分かる。

新しい神様

この時、砂澤は「私のところに新しい神様が来られました。豊玉さんという女性の神様です」と言った。それから砂澤は、この神様のことをよく話すようになった。

「豊玉さんは安土《あづち》から来られました。来られた時、声はしたが姿は見えませんでした。安土でこの神様を祀っていた人は男の子を八人育てた人で、その子たちはみな独立して、今はひとりでおられます」と、砂澤は見てきたように語った。

そして「この神様はよくしゃべる神様で、あなたがたには見えないでしょうが、口をぱくぱくさせて話されるので、うるさくて仕方ありません」と付け加えた。

私は意味がよく分からなかったが、後年、砂澤の自宅で小さな神棚に狐の神像が安置されているのを見る機会があり、ようやく事情が呑み込めてきた。この神像がしゃべるのが砂澤には見えるというのだ。

これは現実の像と霊体が重なっており、砂澤には神像に重なった霊がしゃべるのが見えるという意味だったのである。これは「二重視」という現象で、あるレベルに達している霊能者に見られる能力である。またこのレベルの霊能者は、人間の体と霊体が重なっているのも見える。

35　神木が語る

根上りの松での奇現象

二〇〇三年の三月九日、私はまた伏見稲荷に出かけた。目の手術をした高校生の女の子が予言通り某大学に合格したので、その報告に行ったのである。

この滞在中、砂澤はやはり、お山をした。砂澤は根上りの松に参拝した。正月に除

根上りの松（上部は切られてしまった）

霊をした神木である。根上りの松は文字通り根が地上に露出して二又に分かれていた。ここは足腰に効く神様として有名で、参拝者は樹幹に触って二又の下をくぐる。こうすると肩、腰、足に効くといわれている。人がよく触るので、樹皮はぼろぼろになっていた。

砂澤はここでいつものように祝詞《のりと》を上げ始めた。だがしばらくすると中断し、樹皮に耳を当てた。そして何やらうんうんと肯き始めた。

一体何事が起きたのかと驚いて見ていると、砂澤はやがて信者たちのほうを向き、「神様が肌がぼろぼろになって痛いとおっしゃっています。長年雨風に晒されているのでつらいとおっしゃっています。そこで簡単な覆《おお》いを作ってあげたいと思います」と言った。

私は「神馬だけでなく神木までしゃべるのか」と驚いた。ここでは何もかもが話し始めるのである。この時、木にも神様がいることを実感した。

神木は自然信仰のひとつである。神木には木の霊が宿っている。神木で除霊ができるのは神木に神力があるからだ。

稲荷山には神木を祀っている神蹟が他にもある。これらは霊木稲荷と呼ばれているが、霊石、霊水とともに稲荷信仰が自然信仰である証しである。

それから砂澤は神様の願いを実現するために関係者に働きかけを始めた。お金も集め始めた。その後、根上りの松は立ち入り禁止となり、根の部分を残してぼろぼろになった樹幹とその上は全て切断されてしまった。二〇一六年現在、残された根の部分は簡単な覆いが作られ、前に鳥居も建てられて神様として祀られている。砂澤の願いは実現したのである。

砂澤は神木には神様がいるので、みだりに切ってはいけないと言った。そうすると病気になるなどの祟《たた》りがあるというのだ。

その一例として、北野さんの話をしてくれた。北野さんは神木と知らずに自宅の梅の木を切って裏に積んだ。その後で手足が動かなくなってしまい、砂澤に相談に行った。砂澤が御祈禱すると、切った梅の木が神木だったことが分かった。そこで北野さんは梅の木を供養し、新たに祀り直した。すると、手足が動くようになった。

　奇妙なことだが、砂澤が神木を供養するために現地で御祈禱していると、北野さんの亡くなった母親が出てきたという。砂澤に見えた母親の霊が着ていたものは、亡くなった時に実妹が着せたものと同じだったので、御祈禱を依頼した親族は驚いた。神木にもお塚同様、人霊が出てくることがこれで明らかである。まさに霊木である。

神様出現

　この頃、私は砂澤のある変化に気づいた。ひとつは人の悪口をよく言うようになったことだ。

　例えば、お供えを盗って帰ったと信者を非難するようになった。人の悪口は言わない人だったので、おかしなことが始まったと思った。

　その理由はのちに判明した。砂澤が引退した時、世話をしていた上地さんが医者に見せたところ、アルツハイマー病がかなり進行していたのである。この症状は十年ほど前から始まっていたと聞いて、ちょうど私が変だと思い始めた時期だったことに気づいた。上地さんは、アルツハイマー病になると他人が物を盗ったと言い始めるのだと言った。

もうひとつは、話が途切れてしまうようになったことだ。話が途中なのに突然に切れてしまい、まったく別の話題になってしまうのである。そのために話している者はついていけなくて戸惑うようになった。これは突然眠ってしまう症状と似ていた。

三月九日に会った時、砂澤はある女性の話を始めた。聞いているとかなりの悪口だったので、また始まったとうんざりしたが、これにははっきりした理由があった。

この女性は私が昨年の夏に内記稲荷で砂澤に出会った時、一緒にいた女性だった。私はなぜこの女性が砂澤と一緒にいるのか分からなかったが、この日の話でおおよその状況がつかめた。

女性は秋山さんといい、昨年の三月に亡くなった市川さんの代わりに砂澤が仕事の手伝いを頼んだ人だった。

砂澤によると、秋山さんは何を勘違いしたのか、お供えを自分のものにしたり、自分の信者を勝手に作り始めたという。つまり砂澤の信者を横取りしようとしたのである。お供えをくすねたことは確認できなかったが、自分の信者を作ろうとしたことは確認できた。

ところが秋山さんはそれだけでは収まらず、昨秋、扱所を作りたいと伏見稲荷に申し出たのだった。こうした行動が砂澤の不快感をあおり、砂澤によると神様が怒られることがたびたび起きるようになったという。

例えば地鎮祭で、砂澤の手伝いをしていた秋山さんが手に持っていたお神酒《みき》の銚子が倒れたり、杯《さかずき》が割れたりした。その挙句には、手足が動かなくなってしまった。PK現象である。

最後に、秋山さんは自宅の近くで車に乗っていて、オートバイに乗った得体のしれぬ暴走族に当て逃げされて、鞭打ち症になってしまった。砂澤は、「この暴走族は神様がなっておられたのです。今回はこの程度ですんだが、次は車ごとひっくり返してやると神様はおっしゃっています」と言った。

この話は信じがたかったが、もし本当だとすれば、神様は姿を変えてこの世に現れたことになる。この例で明らかなように、砂澤の周辺では後継者問題が様々な形で進展し始めていた。

36　霊言現象の体験

参集殿での異変

二〇〇三年は三月以後、秋まで砂澤にあまり会う機会がなかった。伏見稲荷には五月四日と六月末に少し顔を出したが、話はほとんどしなかった。

三月二十日、アメリカがイラク戦争を開始し、また世界はきな臭くなった。そのあおりを受けて、自衛隊の後方支援が立法化され始めた。

経済は株価が四月に最低となり、失業率も最悪を更新し続けていた。ホームレスは二万五千人に達し、フリーターは四百十七万人に増え、そうした人びとを非正規雇用で安く使おうとする雇用形態が蔓延し始めた。

砂澤は八月に夫が亡くなり、自身は緑内障の手術に踏み切った。これで少し目が見えるようになったという。

久しぶりに砂澤に会ったのは、十月十三日のことだった。伏見稲荷の宿舎の部屋に入っていくと、砂澤はいつものように多くの信者たちに取り囲まれて賑やかに話をしていた。私は部屋の隅に座って話に耳を傾けた。

　すると突然、砂澤の様子が変わった。私は砂澤を横から見ていたのだが、その横顔の上に正面を向いた別の顔が浮かんだのだ。その顔は男の顔に見えた。

　男の顔は私に話しかけてきた。声は明らかに砂澤の声ではなかった。野太い男の声で、凄味があった。その声は私の仕事のことで、ある指示を出した。男の口は確かに動いていた。

　私は何が起こったのかよく分からなかった。とっさに砂澤に神様がかかり、霊媒《れいばい》現象が起きたのかと思った。だが信者たちは何もなかったかのように雑談を続けている。どうもおかしい。神がかりだったとすれば全員が見ていたはずだからだ。

　座が一段落した時、私は部屋の外に出て、後から出てきた信者に、先ほど先生は変身して男の声を出さなかったかと尋ねてみた。すると信者は、そんなことはありませんでした、ずっと変わりはありませんでしたと答えた。私はそんな馬鹿なことがあるものかと思い、他の人にも確認してみたが、同じ答えしか返ってこなかった。

　私はますます不思議に思い、砂澤に同じ質問をしてみたが、砂澤は変わったことは何もなかった、自分は皆さんと普通に話していただけだと答えた。

　結局、この出来事は未解決に終わってしまった。疑問が解けたのはのちのことだった。これは霊言現象と呼ばれているもので、神様が砂澤の体を使って姿を現され、語りかけてこられたのだった。神様の影向《ようごう》（仮の姿）である。この時、霊能者は神様が自分の体を利用していることを意識していないことがあるそうだ。これも霊媒の機能のひとつである。

この現象が霊媒現象と異なっている点は、神様が他の人ではなく私だけに語りかけてきて、他の人はそれに気がつかなかったことだ。神様は自在に様々なことができるようだ。

神様は私に分かる言葉で話されたのだから、砂澤はいつもこのように神様の言葉を聞いているのだろう。

砂澤は、霊媒として機能している時は意識がまったくなくなってしまうが、神様が自分の体を使って出現されてもそのことに気づかず、意識が残っていることもあったのだ。実に多彩なことができる霊能者だと感心した。

私はのちに、この時、神様が私の前に姿を現されたのだと思うようになった。それまでは砂澤を通して間接的に神様の存在を感じていただけだったが、ついに本当に見てしまったのだ。神様はいた。

私は神様の声を聴いて、いよいよ本格的に原稿を書き直さなくてはならなくなったと思った。実は、原稿は直し始めたものの、どうしていいか分からず放置していたのだ。

それから内記稲荷で調べることや砂澤に確認したいことなどが生じたため、私は内記稲荷に砂澤を訪ねていくようになった。

死霊がかかる

事実確認のために砂澤の自宅を訪ねていくと、初めて中に入るように言われた。いつも玄関で立ち話をするだけだったので珍しいことだった。

砂澤は自宅では白衣ではなく普段着だった。お手伝いの女性がいた。茶の間で質問を始めると、いつものように砂澤は私の質問はそっちのけで、自分の話を始めてしまった。その時、面白い話を始めたので、私は質問を諦めて話に聞き入ってしまった。

十数年前、福知山で大雨が降り、お城の堀の水が増水したことがあった。福知山には明智《あけち》光秀《みつひで》が築いた福知山城の跡が残っており、内記稲荷は城跡のそばにあった。今でも残っているそのお堀に、着物姿の女性の水死体が浮かんだ。砂澤は遺体の身元を調べてほしいと警察から依頼された。

砂澤は自分の語ることを記録してくれる人を捜して、遺体の霊を自分にかからせた。その霊は江戸時代にお城に奉公に上がっていた商家の娘の霊だった。霊はある出来事があって、入水自殺したと語った。

その商家はまだ続いており、確認の問い合わせを関係者が入れると、その家には昔、お城に奉公に出したが帰ってこなかった娘がいたという話が伝わっていることが判明した。それで砂澤にかかった霊が言ったことは本当だったことが確認され、小さな碑が建てられた。

私はのちに、江戸時代の死体がなぜ昭和になって出てきたのか、変だと思ったが、うかつなことに話を聞くことに夢中で、そのことに気がつかなかった。

このようにこの話は細部がよく分からなかったが、砂澤の霊能力のある一面を示している。それは砂澤が神様だけでなく人霊もかかる霊媒であり、人霊のかかっている間、意識を失ってしまうことである。砂澤は自分にかかった霊が何を話すのか覚えていることができないので、別に筆記者を用意させたのだろう。まさに「死体は語る」である。

一般的に人霊をかからせて霊に語らせることを「口寄せ」という。口寄せをする人は関西にもたくさんいるが、砂澤は口寄せもできたのである。

だが、砂澤は口寄せの専門家ではなかった。口寄せは人霊をかからせるだけで他のことはできないが、砂澤は神様もかかるし、それ以外にも様々なことができたからだ。また稲荷のオダイは、口寄せをする能力があっても、よほどのことがないかぎり口寄せはしないといわれている。

砂澤は霊が完全にかかって意識を失ってしまうこともあれば、意識を保ったまま霊の言葉を聞くこともできる霊能者だった。時と場合と目的に応じてその使い分けができたわけで、その能力は非常に幅が広かった。

砂澤は、信者を相手に御祈禱をしている時は、意識が保たれていないと神様の声が伝えられないので、この時は意識を失わない技術を持っていたのだろう。

この日はほとんど原稿の疑問点が解消せずに退散した。

引退宣言

次に砂澤に会ったのは、十一月八日だった。この時は伏見稲荷に行った。

十一月の初め、小泉首相のもとで総選挙が行われ、自民党が勝ったものの、民主党が議席を伸ばし、のちの民主党政権への足固めを作った。

この時、砂澤は選挙について、試験と同じで合否ならすぐに分かると言った。テレビを見ていると、神様がこの人は落選とか当選と言われるので、当落の予想は簡単なのだという。

また、砂澤は「秋の記念会は宮司さんと私の送別会だった」と奇妙なことを言った。私は秋に砂澤が満面の笑みを浮かべながら上田さんに付き添われて宿舎に帰ってきたことを思い出した。その時のことを言っていたのである。

砂澤はこの時、引退を決意していたようで、その後は伏見稲荷に来てもかつてのような活動はしなくなってしまった。

私はこの時も質問をする機会を見つけようとしたのだが、どうしてもうまくいかなかった。そこで原稿は分かっている範囲でまとめるしかないと諦めてしまった。

しかし原稿が書けたとしても、どのように本にしたらいいのか、その手がかりはまったくなかった。砂澤からは何の指示も出なかったからだ。

どうしたものかと困っていると、その年の暮れに思わぬことで道が開けた。ある出版社の社長に会った時、何気なく霊能者について原稿を書いているという話をし、見聞した不思議な出来事をいくつか披露した。すると社長はにわかに興味を示し、「それはちょっと面白そうですね。読ませてくれませんか」と言ったのである。

瓢簞《ひょうたん》から駒《こま》のような展開になってきたと思いながら原稿を送ると、出してもいいという返事が返ってきた。こうして思いがけなくも本が出ることになった。

37　人霊との対話

手こずった確認作業

二〇〇四年が明けた。一月にイラクの米軍後方支援のために自衛隊が海外派遣された。日本で初めての事例だった。

二月七日に、砂澤の本を出してくれることになった出版社の社長を砂澤に引き合わせるために、伏見稲荷へ行った。

砂澤に社長を引き合わせた後、社長を最寄駅まで送って行って引き返してくると、砂澤は本のタイトルは「霊能一代」にしますと言った。神様がそうつけられましたというのだ。本のタイトルまで神様がつけてしまうのかとおかしかった。しかし神様の名付けは今に始まったことではなかった。神様は人の名前もたくさんつけていた。

その後、ひと月弱で原稿を直した。本は結局、砂澤の人生の回想ということにし、砂澤の言葉だけで構成することにした。私には分からないことが多すぎて何も書けなかったので、私の体験や考えはまったく挟まなかった。

本は砂澤の名前で出るので、最終的に内容を砂澤にチェックしてもらい、承諾を得る必要があった。そこで三月五日、砂澤の自宅にでかけた。

砂澤は目が悪いので原稿を読むことはできないだろうと思い、私が原稿を読み上げることにした。そして意見を聞いたうえで、訂正を入れようと考えたのである。

砂澤にその旨を伝えると承諾してくれたので、私は原稿を読み上げ始めた。ところが寝転んで聞いていた砂澤は、たちまち居眠りを始めてしまった。よほど疲れていたのか面白くなかったのか、どちらかだろう。あるいは関心がなかったのかもしれない。私は困ってしまい、途中で読むのを止めてしまった。がないと思いながらぼんやりしていると、砂澤は突然目を覚まし、次はどうなっているのかと言った。そこでまた読み始めると、再び眠ってしまった。これでは遠路足を運んだ甲斐

こうしたことを繰り返していると、一度だけ突如起き上がり、「そこは取ってほしい」と言った。やはり聞いていたのかと驚いた。だが途中で「もういい」と言った。それでいいと言うのである。困ってしまった。本は本人の名前で出るからだ。

霊能力の秘密

砂澤は徹頭徹尾オーラルの人だった。活字はまったく読まなかった。そして常々、「本なんて読んでも何も分からない。それよりも神様を拝みなさい」と言っていた。また、「私は本を読まなくても不自由はしません。神様が全て教えてくださるからです。神様は何でもよく知っておられます」とも言った。

確かに砂澤の神様は物知りだった。ある時、大学院生が研究で使っているコンピュータが動かなくなって困ってしまい、砂澤に助けを求めたことがあった。

すると砂澤は「私には何のことかまったく分かりませんが、神様はこのようにおっしゃっています」と言って、その内容を伝えた。院生がその通りにやってみると、コンピュータは動き出した。

砂澤はコンピュータなど触ったこともなかったので、コンピュータのことが分かるはずがなかった。したがって砂澤が伝えたことは、砂澤の知識でも砂澤が考えたことでもなかったことは確かである。やはり砂澤には何かが聞こえたのであり、その声の主は高度な知識の持ち主だったのである。

砂澤は、「神様は古いこともよく御存じです。神様は平安言葉で話されますが、平安時代よりも古い神代《かみよ》のこともよく知っておられます」とも言った。なんと神様は平安時代の言葉を使うのだった。

砂澤はまた「私は何も知りません。ただ神様が言われることをそのまま皆さんにお伝えしているだけです。でも、それが全て本当なんです」と言った。これが砂澤の霊能力の秘密だったのである。

砂澤は私に本を書けと言った時、「神様は何を考えておられるのでしょう」と言ったが、それは神様の指示を伝えたものの、その意図が分からなかったからだ。私に本を書けと言われたのは神様だったのだ。

砂澤は「私は神様に何も考えるな、馬鹿になれと言われています」と付け加えた。

「私が何か考えると、神様は動けないとおっしゃるのです」

この言葉からも窺《うかが》えるように、砂澤にとって本を読むことは物を考えることだから、神様の要求とは逆の頭になってしまうのである。

日本人は勉強が好きだが、勉強すると神様のことが分からなくなってしまうのかもしれない。今の世の中は一億総お勉強時代だから、神様との距離は大きくなってしまったようで、その分日本人は神様が分からなくなってしまったのだろう。世の中には無知の知ということもあるのだ。

いずれにしても、砂澤には文字で書かれているものなどどうでもよかったのかもしれない。私は内容をチェックしてもらうことを諦めて退散した。

人霊との長い対話

四月中旬、私はある会社の経営者とともに砂澤に会いに行った。社長を砂澤に会わせるためだった。

砂澤の自宅には、神棚が社務所から移されていた。砂澤は内記稲荷神社にもう神様はおられませんと言った。砂澤の信者は砂澤の自宅に参るようになっていた。

私が社長を紹介すると、社長は生年月日と氏名を書いた紙片を砂澤に差し出した。社長は今の会社の状態はこれでいいのか、またこれからどうすればいいのかといったことを尋ねたかったようだ。

砂澤は私たちを前にしてひとしきり雑談をしていたが、やがてくるりと神棚のほうを向き、一礼した後で何やらぶつぶつとつぶやき始めた。そしてしばらくすると、「ふんふん」とか「へえー」と相槌《あいづち》を打ち始めた。その時間はかなり長かった。

それを見ていて、私はいつもなら一瞬で終わってしまうのに、今日はえらく時間がかかると思った。こんなことは初めてだった。

私は頭を下げながら問答が終わるのを待っていた。しばらくして、砂澤は私と社長のほうに向きを変えて、「どなたが出てこられたのかは分かりませんが、その方はこう言っておられました」と前置きして、長々と聞き取った内容を述べた。

するとそれを聞いていた社長は、「その人は祖父《じい》さんです」と言った。内容でその正体がすぐに分かったらしい。社長はなつかしそうな顔をした。

社長は三代目で、祖父は創業者だった。この時、創業者が孫のことを案じて、叱咤激励に現れ、様々な助言をしたのだった。社長はその言葉を逐一ノートに書き留めていた。そして、元気が出ましたと明るい顔で言った。

私は出てきたのが神様ではなく人霊だったことに驚いた。これまで神棚で砂澤が御祈禱した時は、神様しか出てこなかったからだ。神様を祀っている神棚に人霊が出てくるなんて変ではなかろうか。

私はお塚で同じことがあったことを思い出した。砂澤を見ていると私の抱いていた神仏の常識が次々と覆されていった。

この例は、砂澤に必要な人霊を呼び出す力があり、その霊と長々と対話する力があったことを示している。砂澤は生身の人間とやり取りするように人霊とも話ができたのだ。

だが、また疑問が湧いてきた。神様の時は一瞬で終わるのに、霊の時はどうして長く話をすることができるのだろうか？　砂澤はよく神様はぱっと来られると短く結論だけ述べてどこかへ行ってしまわれますと言った。これは日本の神様の特徴である。そのために「一言主神社」という神社まであるくらいだ。だが、人霊の場合はそうではなかった。

砂澤は人霊の名前が分からないと言ったが、おそらくこれは神様は来られた時に名乗りを上げられるが、人霊はそのようなことはしないからだろう。

この出来事はもうひとつ面白いことを示している。出てきた人霊が会社の創業者、つまり祖霊だったことだ。これは稲荷信仰が祖霊信仰であることをよく表している。伏見稲荷の主神のひとつも秦氏の祖霊である。

私と社長はしばらく砂澤の話を聞いて退出した。

再び心を読まれる

この年の夏は暑かった。熱帯夜が連日続いた。暑さは九月に入っても衰えなかった。七月に『霊能一代』ができたので、七日に本を届けに砂澤の自宅に行った。砂澤は珍しいものを見るように見本を眺めていたが、たった一言「えらいことになった」とつぶやいた。しかし格別嬉しそうな顔はしなかった。

普通、本を出すと印税が発生する。本の著者は砂澤なので、私は半分が砂澤に支払われるように手続きをしようとしたが、砂澤は一銭もいらないと固辞した。

砂澤たまゑ（2002 年頃に撮影）

新興宗教では教祖が本を書いて

信者に買わせて大儲けしているところがあるが、砂澤はそのようなことは一切しなかった。本は信者たちが買ってくれ、砂澤は本を売ってくれた。

私は課せられた仕事を終えたので気が楽になったが、満足感は湧いてこなかった。この本は結局、砂澤の語ったことだけで人生を回想する構成にし、それでは足りないので、砂澤のお稲荷さんに関する言葉を付け加えた。個人的には分からないことが多く、頭の中は完全に消化不良だったので、そうするしか方法がなかったのだ。その結果、分からない点を自分なりに解決し、自分の体験を盛り込み、自分の立場から何かを書いてみたいと思うようになった。その時、漠然とだが、二冊の内容が思い浮かんだ。

八月十三日、私は挨拶のために砂澤の自宅に立ち寄った。玄関先で話していると、砂澤は突然、「あんたはもう二冊、本を書きますよ」と言った。そしてその内容を話し始めた。その内容は私の考えていたことに近かった。私はまたしても心を読まれてしまったと思った。

38　明鏡止水

神様のお告げ

二〇〇五年が明けた。砂澤は八十三歳になった。この年、珍しく砂澤は正月と二月、伏見稲荷に来ていなかった。私は心配になったので、様子を見るために自宅を訪ねてみた。ところが砂澤は意外と元気だった。

この時、砂澤はなかなか決まらなかった移転先がようやく決まり、上地さんのところに行くことになったと言った。しかし、このことは二〇〇二年の秋にすでに言っていたことである。どうも変だと思っていたら、のちにこの時は神様を上地さんのところに移しただけだったことが分かった。砂澤はそれからもしばらく内記稲荷の自宅を離れなかった。

移転に関して砂澤の言うことは二転三転した。これは言ったことを忘れてしまうようになったためらしい。そのせいか、自分のところに引き取って世話をするという人が何人か現れた。

この時、砂澤は面白いことを言った。例えば、あの人はどうしているのだろうと思うとその人の姿が浮かんできて、今何をしているのかが分かるというのである。心を鏡のようにしていると、心に様々なものが映るというのだ。まさに禅でよく使われる「明鏡止水《めいきょうしすい》」である。砂澤は禅の境地に達していたのである。この澄み切った心が砂澤の能力の源泉だったのだ。

また砂澤は夢のように心に様々なことが浮かんでくるが、それが自分にとってお告げだと思っているとも言った。

砂澤は全てのことが神様の言葉によって分かったのではなく、このような能力も持っていたのである。

砂澤は、神様は言葉以外でも様々な形でいろいろなことを知らせてくださいますとも言った。臭いや音はもちろんのこと、文字が目の前にぞろぞろ出てくることもあれば、図形や信号で知らせが来ることもあるという。

この時、私は砂澤が想像以上に多彩な形で神様から知らせを受け取っていることを知った。霊能力といっても単純なものではないのである。

当たらなくなった予言

六月頃だったと思うが、伏見稲荷で一度、砂澤に会ったことがあった。この時、砂澤の言うことが当たらなくなってしまったことに初めて気づいた。ある予言が外れたのだ。

だが、これは私だけが感じていたことではなかった。のちに砂澤の最期を看取った上地さんは、ある時期から砂澤の言うことは半分ぐらいしか当たらなくなったと言った。

他の信者たちも気づいていたようだが、それでも依然として先生は神力がかかった時はまだすごいと言っていた。この言葉から推測すると、この時期でもまだ砂澤には霊能力が残っていたことになる。

私はのちに霊能力は加齢とともに衰えることを知った。もしそうだとすれば、八十三歳になった砂澤に霊能力がなくなっていても何ら不思議ではなかった。むしろこの年になってもまだその力が残っていたことのほうが驚くべきことだったのかもしれない。

私は十月にも伏見稲荷で砂澤に会った。この時は何も話ができなかった。これが私が砂澤に会った最後となった。その後、砂澤は伏見稲荷に来なくなってしまうのである。

こうして私の霊能力観察は終わった。

第4章　稲荷信仰の謎を解く

39　風の便り

電話での対話

私の霊能力観察は終わったが、私と砂澤の関係はそれ以後も間接的に続いた。

二〇〇五年十月、日本は小泉首相が仕かけた郵政民営化の信を問う衆議院解散総選挙で大騒ぎしていた。その結果、自民党が圧勝したが、その余韻も冷めやらぬ頃、ある信者からファックスが入った。それは砂澤の転居を知らせるものだった。

砂澤の転居先は上地さん宅で、そこは京都府との県境に近い兵庫県の小さな町だった。ここは内記稲荷《ないきいなり》に比べると私の仕事場から行くにはかなり不便な所だった。最寄駅は各駅停車の列車しか停まらないローカル線の無人駅で、そこから歩いて一時間はかかった。

ファックスをもらってしばらくして砂澤に電話すると、砂澤は一度訪ねてくるようにと言った。しかしあまりにも遠かったし行程が不便だったので、車を持っていない私には一仕事だった。それにとりたてて相談することもなかった。そのために、なかなか出かける機会がなかった。

二〇〇六年になった。二〇〇五年は様々な原稿を書く仕事があったが、暮れで大体終わってしまった。さて次の仕事を考えなくてはと思っていたところ、思いがけない仕事が入ってきた。翻訳である。

最初に翻訳の仕事をしてから六年がたっていた。その間、翻訳の仕事はまったくなかった。

二〇〇六年の初め、私はある出版社の社長に一冊の原書を見せられた。社長はこういう本はいけますかねと言った。それは私の関心のあるジャンルの本で、こういう内容の本があればいいのにと思っていたので、いけるんではないですかと答えた。

すると社長は、誰か翻訳できる人は知りませんかと言った。英文は平易だったし、訳せるだけの知識はあったので、自分でもできそうな気がした。ちょうど次の仕事を考えなくてはならなかったので、私でよければやりますが、と答えた。後日、六年前に訳した本を見せると、それが効いたのか仕事を任せてくれた。

翻訳は三か月で仕上げ、翌年に本が出たが、結果がよかったので、次の本も訳すことになった。こうして次々と翻訳の仕事をするようになった。翻訳についても、時間はかかったが、砂澤の言った通りになった。

この本の原書を見せられた時、六年前に翻訳をしていなければ、とても自分で訳し

三丹支部195番のお塚

てみようとは思わなかったにちがいない。その意味で、砂澤が準備してくれたことが布石として生きたのである。

それから私は翻訳の仕事に追われるようになり、仕事の合間に霊能力と霊能者について調べ始めた。

その結果、世の中には様々な能力の霊能者がいることが分かってきた。そして砂澤の霊能者としてのレベルとタイプも分かってきた。砂澤はかなりレベルの高い霊能者だと確信した。

私がそれまでに見聞した

砂澤の霊能力について少し理解できるようになってきたのもこの頃からだった。それまではただ驚いていただけだった。

私は再び仕事に明け暮れるようになったが、砂澤のことは常に気になっていた。そこで一度電話してみたことがあった。電話に出た砂澤は、いきなり「あんた誰や」と言った。私が名乗ると、砂澤は待ってましたとばかりに近況を語り始めた。そして本を書店で買った人がそれを読んで遠方からやって来るようになったと言った。

後で知ったことだが、この頃、砂澤は予約者と会う約束を忘れるようになり、やって来た人が怒り出したりするなど、トラブルが続出したという。砂澤は人の相談に乗るのが難しくなっていたのである。

近況を語り終えると、次は人の悪口になった。悪口は以前よりひどくなっていた。何しろ霊能力があるので人が知らないことまで知っているのだから質《たち》が悪かった。以前は人の悪口など少しも言わない人だったのにと、私はその変化を惜しんだ。

最後に砂澤は、一度訪ねてきなさいと言ってくれた。私は行きたいのだが、遠くて不便になってしまったので、行くのはなかなか大変ですと答えた。すると砂澤は、皆さん車で来られますとか、特急の停まる駅からタクシーで来られますと言った。しかし、私は車を持っていなかったし、タクシーで行けるほど経済的な余裕もなかったので、ついに足が動かなかった。

訃報

二〇〇七年になった。砂澤は八十五歳になっていた。日本は小泉首相から安倍晋三《あべしんぞう》首相に政権交代していた。七月に衆議院選挙で自民党は大敗し、安倍首相は辞任した。次いで福田康夫《ふくだやすお》首相に政権は引き継がれたが、八月にサブプライム・ショックが起き、経済は大混乱をきたした。

この年の秋に、私はある信者から、砂澤が転居先の近くの養護施設に入ったことを知らされた。認知症がひどくなったうえに、体調を崩して手術をし、足を骨折したので、同居人が面倒を見られなくなったからだという。だが相変わらず口だけは達者ですと、見舞いに行ったその人は言った。

私は一度見舞いに行かなくてはと思ったが、なかなかその機会がなかった。

二〇〇八年、私は依然として翻訳に明け暮れていた。日本は福田首相が九月に辞任を表明したが、その直後にアメリカでリーマン・ショックが起き、一気に経済がおかしくなった。それまでは景気が持ち直していたのだが、一変した。この騒ぎの最中に麻生太郎《あそうたろう》内閣が登場した。

景気は悪化し続けて年が明け、二〇〇九年になった。この年の三月、株価はバブル崩壊後最安値を記録した。

その直前の三月四日、私は新聞で砂澤が敬慕していた伏見稲荷の宮司様、坪原喜三郎氏が亡くなられたことを知った。砂澤が知れば悲しむだろうと思った。

しかし、九月に砂澤の訃報に接しようとは、この時は考えもしなかった。砂澤の訃報に接した時、砂澤が宮司様と同じ年に亡くなったことが偶然とは思えなかった。

砂澤の葬儀は、九月十四日に、生まれ故郷の町の葬儀会館で行われた。その死顔に手を合わせていると、生前に砂澤が言った言葉が思い出された。「神様から、死んでもまたすぐに生まれ変わって人助けだ、と言われています」

私は、魂（霊）の再生はあるのかもしれないと思った。砂澤に言われると嘘のような気がしないのである。

砂澤は生前、たくさんの人助けをしてきた。私のように興味本位で相談に行った信仰心などまったくない一過性の者にまで手を差し伸べて親切にしてくれた。

神様は、玉のような丸い心で生きたので、砂澤が入ることになっていたお塚の神名を「豊玉」と名付けられたというが、まさにその名にふさわしい生き方をした人だった。私は砂澤の冥福を祈り、生前に助けてもらったことを感謝した。

こうして砂澤の生涯は幕を閉じた。

40　庶民の信仰を記録する

新たな始動

　砂澤が亡くなって、私は砂澤と約束した「あと二冊」の原稿を書かねばならないと思うようになった。そのうちの一冊は最初からテーマがはっきりしていたが、もう一冊は砂澤の霊能力について書きたいと漠然と考えていただけだった。

　私は砂澤に出会った時から、この人の不思議な能力に関心を抱いていた。この能力が霊能力だと知って霊能力について調べるようになり、霊能力の本を自分の見聞をもとに書き始めた。しかし何度挑戦してもうまくいかなかった。そして砂澤が亡くなった頃には、何をどう書けばいいのか分からなくなっていた。

　私はこのテーマは保留にして、もうひとつのテーマを先に進めることにした。そのためには調べなければならないことがたくさんあった。そのひとつが砂澤の信者や関係者に話を聞くことだった。

砂澤は私が質問しても答えてくれないことが多かったので、私は疑問を自分で解決しなければならなかった。また砂澤の話は細部に記憶違いが多いことに気づいたので、話の裏を取る必要もあった。だが、この作業は砂澤の生存中はできなかった。ところが、作業に取りかかろうとした矢先の二〇一一年三月に東日本大震災が起き、それどころではなくなってしまった。

実際に作業に取りかかることができたのは、二年後の二〇一三年の春だった。最初に砂澤を看取った上地さんを訪ねた。生前は行けなかった砂澤の寄宿先に、ローカル線の無人駅に降りてから一時間歩いて辿り着いた。

上地さんは砂澤が近所に住んでいた昭和三十年代の話や、数年前に同居してから起きた様々な出来事を話してくれた。おかげで砂澤に会わなくなってからの様子がありまし分かった。

砂澤は上地さんのお宅に移ってから二年間は神様を祀っていたが、病気がちで認知症も進行し、上地さんは世話ができなくなってしまったので養護施設に入れたという。施設には二年間いたが、体調を崩した時に医者に見せると胆のうガンが見つかり、かなり進行していたので手遅れだった。砂澤は九月十一日に容体が急変し、夕方に息を引き取った。八十七歳だった。

上地さんの話を聞いた時、まったく予期していなかったことが起きた。話の中に砂澤の霊能力や稲荷信仰について抱いていた疑問を解くヒントが見つかったのである。この時、砂澤の霊能力と稲荷信仰の関係について何か書けそうだと思った。

私は上地さんを訪ねた時に書く予定だった本を後回しにして、この本に取りかかることにした。二〇一四年の春のことだった。

予定の変更

稲荷信仰については多くの本が書かれている。雑誌や資料も多い。私は稲荷信仰について調べるためにこれらの資料のいくつかに目を通していた。いずれも優れた内容のものが多く、参考になったし、多くのことを教えられたが、私の抱いていた疑問は解決しなかった。

さらにこれらの文献には、私が見聞したことがまったく書かれていなかった。私が見聞したことは庶民の稲荷信仰の実態で、それは稲荷信仰のオダイの霊能力が信者に与える現世利益やオダイの行っている人助け、そしてオダイが神様から直接受けた教えなどだった。

私は自分が見聞したことの中に昔から続いてきた稲荷信仰の本当の姿が隠されていると感じていたのだが、このような視点から稲荷信仰について書かれたものはなかった。

私はまた、砂澤のような霊能力を持ったオダイがこの世からいなくなりつつあることに気づいていた。世の中が豊かになったので、厳しい行《ぎょう》のできる人が減少しているからだ。現に稲荷山で行をしている人は昔に比べると格段に少なくなっている。砂澤のようなオダイは今後現れないかもしれない。今、砂澤のことを書き留めておかないと、稲荷信仰のオダイについて永久に分からなくなってしまうだろう。すると稲荷信仰の重要な一面が世に知られないまま消えてしまうことになる。

稲荷の神は生き神だといわれている。稲荷の神はもの言う神であり、働く神である。私は砂澤を通してそのことを実感した。稲荷の神の言葉を実際に聞くことができ伝えることができるのは稲荷のオダイだけである。オダイこそ稲荷の神について本当のことを知っているに違いない。

宗教は昔、オダイのような神様の言葉が聞き取れる霊能者もしくは聖者が、神様の言葉を聞き取れない人たちに神様の言葉を伝え、人びとを導き救済する一面があったのではなかろうか。だが今はこれが本当にできる宗教家は少なくなってしまった。その結果、宗教は形骸化し、救済はおろか現世利益すらもたらすことができなくなってしまった。

稲荷信仰は古い宗教であるが、この古い宗教の中にまだ直接神様の言葉が聞ける霊能者が生き残っていたことは驚きだった。私はその姿を少しでも書き留めておきたいと思った。

本書はこのような紆余曲折の果てにできたものである。私が見聞したことは数多いので、ここではその一部しか紹介できなかったが、基本的なことは伝えることができたかもしれない。

しかし、これで満足して本稿を閉じるわけにはいかない。最後に、上地さんの話を聞いて解けた砂澤の霊能力と稲荷信仰に対する疑問の答えを書いておく必要があるからだ。

41　白狐の謎を解く

この世と霊界の交錯

上地さんの話を聞いていた時、私は以前、砂澤が上地さんについてあの人は少し見えますと言ったことを思い出した。その時は気に留めなかったが、のちにこれは霊視ができることだと気づいた。

私は上地さんに見えるんですかと尋ねてみた。上地さんは「少しね」と答えた。そしていくつかの例を話してくれた。

例えば、伏見稲荷のお塚で拝んでいると、白いものが出てきて林の中にすっと入っていったのが上地さんには見えた。その直後に砂澤が「見えましたか」と信者たちに尋ねた。上地さんは見えたと答えたが、他の信者は見えていなかった。この時、砂澤はお塚で拝んでいると獣の臭いがするとも言った。

ふたりが本殿のそばを歩いていた時も、屋根の上に白いものが見えた。そこで上地さんが砂澤に神様が屋根におられましたねと言うと、何匹かおられましたねと砂澤は肯いた。

この話によって、砂澤の霊能力と稲荷信仰に対する長年の疑問が少し解けた。砂澤は私と違って霊能力によって伏見稲荷の境内やお山で白狐が見えていたのである。またその存在を臭いによっても感じ取っていたのである。この臭いは霊臭である。

この話によって、これまで分からなかった話も解決した。話を聞き始めた最初の頃に、砂澤は「お山にはたくさんの神様がおられますが、最近は人間を怖がって（人間が敬虔さや信心を失ってしまい傲慢になったからだろう）穴から出てこられません」と言ったことがあった。

私は今どき稲荷山に狐などいるはずがないではないか、ましてや穴などあろうはずもない、変なことを言う人だと思った。狐は戦前なら田舎では見かけることもあったというが、戦後はまったく見かけなくなってしまった。ましてや大都市の大きな神社の人がたくさん訪れる小さな山に生息しているはずはない。

しかし、私は勘違いしていたのである。私は現実の稲荷山のことしか考えていなかったのだが、砂澤は現実の稲荷山のことなど話してはいなかったのである。

砂澤の話はよく分からないことが多かったが、それは砂澤が霊界のことを話しているのに、私はそれを現実のこととして受け取っていたからだ。砂澤は常にこの世と霊界が同時に見えていたのだが、私はそれが分からなかったのだ。

砂澤は霊界の稲荷山が見えており、その穴から神様が出てこられないと言っていたのである。しかし、神様が怖がっていたのはこの世の人間である。このように砂澤の話はよくこの世と霊界が重なり交錯していたのだが、私にはその見分けがついていなかったのだ。

私はようやく砂澤の言う狐の穴は霊界の稲荷山にある狐の穴だったことに気づいた。霊界の稲荷山には今も狐が生息しており穴に住んでいると考えれば辻褄があったのである。

のちに私は稲荷山にはかつておびただしい数の狐の穴が実際にあり、その穴にお灯《とう》明《みょう》が上げられていたことを知った。この穴は今は見られない。

稲荷信仰では、狐の穴に霊力が宿っているといわれているが、それはかつては実際にあった穴であり、今は霊界の穴のことだったのだ。その穴はお塚に擬《ぎ》せられていた。お塚の本当の意味はこれだったのである。霊界の狐はここを本拠として、お塚を作った信者の自宅の神棚とお塚を往来しているのだ。

砂澤はまた、お山をしていると、道端に神様が出てきて座っておられることがあり、くるりと尻尾を見せてどこかに行ってしまわれますと言ったことがあった。これは砂澤にだけ見えていた霊狐だったのである。

このように、稲荷信仰は霊と霊界の存在を想定しないと解けないことが多い。またそれが分かるのは霊能力を持った人だけなのである。稲荷の神が何であるかを本当に知っているのは霊能力のあるオダイだけなのかもしれない。

白狐の正体

上地さんの話から、白狐の正体も解けてきた。私は長い間、白狐の正体が分からなかった。現実の狐は白くないから、そんな狐がいるはずはないと思っていたのである。だが白狐とは霊界の狐のことだったのである。それは砂澤が「白いものが見えた」と言ったことで確かなものとなった。

ではなぜ霊界の狐は白いのだろうか。霊界で修行する霊は白色を帯びてくるといわれており、それは霊性の高まりを示しているのである。そしてさらに行《ぎょう》を積めば光り輝くようになる。つまり白色は霊界では聖性を意味しており、白狐とは行を積んだ霊格の高い狐霊のことだったのである。

するとクロさんの意味も解けてくる。これもまた霊界の狐である。だがこちらは行を積んでいない霊格の低い狐で、そのために白くなれないのである。砂澤は霊界の狐の質を色で見分けていたことになる。これによって霊界には色や形があることが分かる。

砂澤は神様を祀る時は常に白衣だった。砂澤は白い色は神様の色ですと言っていた。白衣はその表れだったのだ。そして白狐の色でもあったのだ。

砂澤は、狐は先の見える賢い動物だと言った。だがこれも霊界の狐のことだったのである。霊界ではかなり先のことまで分かるといわれている。砂澤は霊界の白狐と交信し、その教えを受け、その能力を利用し、その助けを得て様々な奇蹟を行い、人助けをしていたのである。眷属《けんぞく》とは霊界の白狐のことだったのである。

白狐と交信することは普通の人間にはできない。そのためには、霊能力が必要である。その霊能力の持ち主が、砂澤のような稲荷信仰のオダイなのである。

しかし霊能者であれば誰でも白狐と交信できるわけではない。白狐は稲荷の神を信じる霊能者だけにその姿を現すとされているからだ。つまり稲荷信仰のオダイ以外の霊能者は白狐を見ることができないのだ。

ところが、砂澤はこのことについて少しニュアンスの異なることを言った。眷属さんは「おみたま」を受けるとついて来られるというのだ。「おみたま」とは砂澤が秋の講員大祭の時に神楽殿で受け取っていた神霊箱である。砂澤はこの箱を初めて受け取った時から、眷属さんが働き始めたと言っている。おそらくこれがオダイと眷属神との関係の秘密なのだろう。この関係こそが稲荷信仰の核心なのである。

眷属神はオダイの守護神でもある。白狐とオダイの間には、オダイが白狐を食べさせて（霊はお供えの霊的エネルギーを摂取するという）養い、白狐がそれに応えてオダイに霊力を与えて助けるという契約関係が成立しているのである。

白狐についてはもうひとつ分かったことがあった。それは稲荷大神（主神）と眷属神の関係である。眷属神は稲荷の大神の使役神なのである。普通、お稲荷さんといえば狐を連想するが、狐はあくまでも使役神で、しかも使役神のひとつにすぎないのである。本当の稲荷の神は稲荷大神で、使役神は稲荷の大神、もしくは日本の自然を作り支えている神の心を伝える働きをしているのだろう。

なお、この白狐は仏教的稲荷、荼枳尼天《だきにてん》と関係があると思われるが、ここでは触れない。

この時、氷解した疑問がもうひとつあった。それまで私は眷属神が狐の霊だとはどうしても思えなかった。能力が高すぎてとても狐だとは信じられなかったのだ。それは狐の姿をした別の霊ではなかろうかと疑っていた。

さらに砂澤を見ていると、霊狐を相手にした時、人間と話しているようにしか思えなかった。しかも霊狐は人間には分からないことがよく分かったのだから、人間以上の存在に感じられた。そのために人霊よりももっと高級な神霊の化身ではなかろうかという思いが捨てきれなかった。

だが、やはり狐の霊であることがはっきりした。それは「獣の臭い」と砂澤がはっきり言ったからだ。人霊なら煙草や酒の臭いはしても獣の臭いはしないはずだし、人霊よりも高級な神霊ならば無臭だからだ。

では、霊界の狐の言葉（心）がどうして砂澤には理解できたのだろうか。人間は動物と対話などできないではないか。

だが、砂澤は断食中に植物の話す声が一斉に聞こえてきたと言っているし、山を歩いている時に鶯《うぐいす》の言っていることが分かったではないか。神様と交流できる霊能者は草や木や周囲の自然の万物から霊感を得ることができるので、動物からも霊感を得ることができるはずだ。

したがって、砂澤は現実の狐の心も分かっただろうし、霊界の人霊や神仏の言葉が分かったので、霊界の狐の言葉も分かったはずである。

それに、私だって私の前に現れた神様の言葉が分かったのだから、神様は人間には人間の分かる言葉で話されることは確かである。当然、砂澤にも神様の言葉は私のように聞こえていたことだろう。

しかし動物の霊が神様になりうるのだろうか？　私はこれも信じがたかった。だが、現に日本では人の霊が神様として祀られているではないか。狐の場合も同じだと考えればいいのではなかろうか。日本では動物も祀られると神様になるのだ。

主神の正体

稲荷信仰と狐の関係は、柳田國男《やなぎたくにお》をはじめとする碩学《せきがく》が論じている。なかには、狐とは「ケツネ」のことで、「ケ」は食物を意味する古語であるから食物の根源を意味し、食物神を表すこの言葉に狐が習合したとして、狐を食物神信仰と関連付ける説（五来重氏）もある。

私にはこれらの説を論ずる力はないが、個人的経験から伏見稲荷の主神のひとつが食物神であることは確かだと思っている。

私は伏見稲荷で時々おみくじを引くことがあるのだが、何度か念写が起きたことがあった。おみくじは印刷されているが、それとは違う文字が書かれていることがあったのだ。この文字はコピーしても用紙には写らなかった。

何度か経験した念写のおみくじのひとつに「うけもちの神」と書かれていたことがあった。このおみくじの神言は「うけもちの神」の言葉だったのだ。「うけもちの神」は食物神で、古来よりその神名が見られる。この経験をしてから、私は伏見稲荷の主神のひとつは食物神だと思っている。

今日、稲荷神は衣食住の神様だとされているが、本来の神格は大地母神と関係した食物神であり、衣食住の神様はその発展した神格ではなかろうか。したがってその原像は食物神であることは確かだと思う。狐はあくまでもこの大神様のお使いなのである。

また、稲荷信仰は古くは狐とは関係がなく、狐と関係ができたのは平安期に入ってからで、仏教的稲荷で狐との習合が起きたとされている。

しかし、狐といってもそれは狐の霊であり、その霊が分かるのは稲荷を信仰しているオダイだけなのである。

なお、砂澤のようにオダイが狐霊を使ったり人にかけたりするようになったのは荼枳尼天信仰の影響だと思われる。

42　稲荷信仰の原像

蛇霊信仰

稲荷信仰については、白狐以外にも分からないことが多かった。例えば「ミーさん」である。

砂澤の話から考えると、ミーさんは蛇霊と龍神の両方を含んでいると思われた。しかしこのふたつは区別がつきにくくて困った。本来は別のものだが、混同されているように思われた。

話から想像すると、蛇霊は地霊の化身であり、食物神の化身であり、霊能者には蛇の姿として見えるようだ。一方、龍神は滝にいる水神の化身で、この世に姿をもったことのない自然霊のようだ。こちらは絵に描かれているような現実の蛇ではない姿で霊能者には見えているのではなかろうか。

ただ、とぐろを巻いている蛇を頭に載せている宇賀神像にも見られるように、蛇は水神ともみなされているので、水神には蛇霊と龍神の二種類があり、それらが混同されたのではなかろうか。

白狐が霊界の狐の霊であることが分かった時、砂澤の言う「ミーさん」も白い蛇だと確信した。砂澤は、龍神さんは年老いた蛇だと言っていたからだ。砂澤にはこの白蛇も見えていたのだろう。

稲荷信仰が蛇霊と関係があることは一般的にはあまり知られていない。ではなぜ稲荷信仰に蛇霊信仰が入っているのだろうか。それは稲荷信仰が狐信仰よりもさらに古い日本の信仰を受け継いでいるからだ。日本は古くは蛇霊信仰だった。それは日本で一番古い神社である奈良の大神《おおみわ》神社の祭神が蛇霊であることや出雲族の神が蛇霊であることでも明らかである。蛇信仰は縄文時代にさかのぼる古い信仰だと思われる。

蛇霊は祖霊であり水神であり地霊であり山神の象徴である。いずれも食物を与えてくれる神である。したがって、食物神である稲荷神と同質である。

また蛇は古来より万物が芽吹き出す春の到来を告げる大地の神の使者でもあった。大地母神つまり万物を生み出す神の象徴でもあったのだ。

蛇霊信仰と比べると、狐の信仰は新しいもので、空海が始めたとされている仏教化された稲荷信仰によって盛んになった。その証拠に、『古事記』には蛇は出てきても狐は出てこない。稲荷信仰は蛇信仰の上に狐信仰が重合したものと思われる。

私は長らく稲荷信仰が動物霊信仰を含んでいることに抵抗感と違和感を抱いていた。狐や蛇を信仰することが受け入れがたかったのである。私は近代の人間優位思想に染まっていたからだろう。

私には蛇は気持ちの悪いものでしかないが、昔の人には蛇は大地の神であり、豊饒の象徴であったに違いない。私とは感受性がまったく違ったのだ。

古代からの日本人の自然信仰を振り返って見ると、動物霊信仰は少しも変なことではなく、むしろあたりまえのことだった。日本人は西洋人のように人間と動物を峻別しなかった。その境界は曖昧で、人間と動物は同等のように考えられていた。動物が人間よりも優れた能力を持っていたとしてもそれは何ら不思議なことではなく、むしろ日本人はそれを尊んできたのである。昔の日本人は動物の生気や霊力を身につけようとした。

そのために日本には動物を神様のお使いとする信仰が古くからあり、それを社前に眷属として祀る習俗があった。稲荷信仰はその流れをくむ古い信仰なのである。

稲荷信仰の深層

では稲荷信仰は、蛇と狐だといえばそれで正解なのだろうか。答えは否である。私の見聞した稲荷現象はもっと複雑怪奇なものだった。狐ではなく狸《たぬき》を祀っている稲荷神社もあるし、神社だというのに、お塚には人霊も出てくるし、仏様まで祀っているのだ。そのうえに、植物や石や火や水や土も稲荷として信仰されている。蛇や狐をはみ出してしまう現象が見られたのである。このような現象はどう考えればいいのだろうか。

この現象は既成の神道や仏教ではとても捉えきれない。例えば、現代の神道稲荷の主神は穀霊《こくれい》とされているが、この概念からはみ出してしまう現象が稲荷信仰には見られるのである。また荼枳尼天と狐の習合した仏教稲荷も同様である。

では、どうして稲荷信仰はかくも複雑多様で奇怪なのだろうか。それは稲荷信仰が神道や仏教が成立する以前からある非常に古い原始信仰を引き継いでいるからだ。原始宗教は、自然霊と祖霊と食物霊を信仰し、呪術と予言をその特徴としているが、稲荷神と稲荷信仰にはこれらの要素が全て含まれている。それは私が見聞したことであり、砂澤の霊能力が証言していることである。

稲荷神は、最初はたんに自然の様々な霊を意味していたのではなかろうか。それから蛇と狐に特化したのである。そう考えれば全ての現象が解けてくる。稲荷神が様々な神仏と習合でき、無限の変化を見せ、多彩な機能と効用を持つことができたのはその原質のためであり、そのために稲荷神は時代を超えて生き延びることができたのだろう。正体が分かりにくいのも、もとは自然の様々な霊だったからだ。

砂澤を見ていると、稲荷とは神仏と同義だと感じることが多かった。砂澤は白狐やミーさんだけでなく、神木などの自然霊や弘法大師《こうぼうだいし》などの人霊や観音などの仏様も信仰していたが、それらを全てお稲荷さんと称していた。これは全ての神仏を包み込んでしまう稲荷神の多様性と懐の深さを示しているのではなかろうか。それだけに稲荷の神は底知れぬ深さと多様性を秘めているのである。

砂澤は無心にひたむきに神仏を信じていた。そのために狭義の稲荷神を超えた様々な神仏が砂澤に応えていたようだ。砂澤には観音様の力もお不動様の力も入っていたようだ。その意味で、砂澤の稲荷信仰は広い意味での神仏の信仰だったのである。稲荷信仰は本来はこのような大きな信仰だったのではなかろうか。

神道には教義も開祖も教典もないといわれるが、稲荷信仰も同様である。それはこの信仰が神様に直接聞くことで成り立っていたからだ。このことは砂澤を見れば明らかである。神様に直接聞けるなら、行《ぎょう》の仕方や祀り方が千差万別でも一向に構わなかったのである。

また信者も神様の言葉がオダイから直接聞けさえすればそれでよく、難解な教典や教えは必要としなかった。稲荷神は昔から庶民の神様だった。この神様が庶民に絶大な人気を博したのは、単刀直入で分かりやすかったことと、神様がじかに反応し、必要な答えを出してくれたからだ。これもまた砂澤を見ていれば明らかだった。庶民の信仰は今日でも原始信仰なのである。

稲荷信仰は神様がまるで生きているかのように感じられることが特徴で、世界でも珍しい宗教ではなかろうか。いや、ほとんどの宗教がかつてのように神の声を聞くことができなくなってしまったというべきなのかもしれない。

これらのことから類推して、日本の原始宗教は直接神の声、つまり霊の声、自然の声を聞こうとすることだったのではなかろうか。それがおそらく神道の本来の意味だったのだろう。

したがって、稲荷信仰は原始的自然信仰であり、それが今も続いている珍しい宗教なのである。五来重氏は、稲荷信仰は縄文の昔から連綿と受け継がれてきた自然霊信仰と祖霊信仰と食物霊信仰を基盤にし、シャーマニズムとアニミズムを保存した古い信仰だと言っておられるが、それは砂澤の信仰を見ていると明らかである。また稲荷信仰は世界でも稀有な多神教であり動物霊信仰なのである。

死後の霊能者

さて、最後に上地さんの話に戻りたい。

上地さんによると、砂澤は上地さんの所に移ってから、ある時、神様の言われることが分からなくなってしまったとぽつりと漏らしたという。これは砂澤が神様の声が聞こえているのに意味が理解できなくなったということだろう。こうして砂澤は霊能者としての終わりを迎えた。

砂澤はおかしくなったり正気に戻ったりを繰り返していた。人の悪口を言うのはおかしくなった時だった。しかし、言われた人は砂澤の頭の状態を本当に分かっていたわけではないので、なかにはその言葉を真に受けて腹を立ててしまう人もいた。

ある日、砂澤が正気に戻った時、上地さんがその実情を懇切丁寧に説明すると、砂澤は真顔で、自分はそんなにひどいことを言っていたのか、申し訳ないことをしたと反省した。

ところが、砂澤が他界してから変なことが起こった。砂澤に悪口を言われた人の夢に砂澤が現れて、生前の悪態を詫びたというのだ。それで夢を見た人は胸のつかえが下りたと言って気分を直したという。

死んでからも砂澤は砂澤だった。この人らしい矛《ほこ》の収め方だった。

43　霊能力の謎を解く

超感覚的知覚

霊能力について見聞したことを書いた以上、締めくくりは霊能力の正体に触れておく必要があるだろう。ただ、これから述べることは、あくまでも文献から得た私見にすぎない。

上地さんの話を聞いて、稲荷信仰について分からなかったことが少し分かってきたが、もうひとつ難問が残っていた。それは霊能力とは何かという疑問だった。

砂澤は私に本を書けと言いながら、自分の霊能力については不思議ですねと言うばかりで、何も説明してくれなかった。おそらく考えたことがなかったのだろう。何しろ考えることは神様から禁じられていたからだ。信者たちも同様で、なぜでしょうねと言うだけだった。

そのために、私は自分で資料に当たり考えなければならなかった。霊能力が何か分からなければ霊能力について何も書けないからだ。

人が霊能力を持ちうることは砂澤を見ていて実感できたが、ではそれが何であり、どうすれば得られるのかについてはまったく分からなかった。

このことが少し分かり始めたのは砂澤にあまり会わなくなってからのことだった。この頃から霊能力について調べ始めたのである。

砂澤を見ていると霊が存在することは間接的に実感できたので、私は今では霊は存在すると思っている。霊能力は霊に関係した能力で、霊の存在を肯定しなければありえない。

砂澤が人あるいは動物と霊を二重視できたことはすでに述べたが、これは肉体に霊が重なっていることを示している。つまり人は肉体の他に霊体も持っているのである。もう少し詳しく述べると、霊は霊体という身体を持ち、霊体が肉体に重なっているのである。肉体には感覚があるが、霊体にも感覚がある。

霊感は霊体の感覚のことで、霊視とか霊聴といわれているものは、霊体の感覚の一部で、肉体に付随した視覚や聴覚と似たものである。霊体にも肉体の五感に似た感覚が備わっているのである。この感覚は「ESP能力」（超感覚的知覚能力、霊的認知能力）と呼ばれている。第六感と呼ばれているものは、まれにだが霊感の働きが表に現れたものだろう。

では、霊視ができると、なぜ肉眼では見えないものが見えるのだろうか？　それは霊眼で霊界を見ているからだ。

霊界はこの世とは次元が異なり、この世のように物質がなく、時間の制約も受けず、距離感も異なっている。霊界は想念の世界なので、思ったことは遠くのものでもすぐに見えるのである。ある意味で距離がないのだ。

一方、肉眼は物質でできた器官なので、物質の制約を受け、視野に限界があり、遠くまで見ることができない。このように霊眼は肉眼とは関係がない機能なのである。霊能者で二重視のできる人は、肉眼でこの世のものが見えており、同時に霊眼で霊界のものが見えているのである。

聴覚も同様で、霊聴は肉体の器官である耳は使っておらず、霊体の聴覚に相当する機能を使っているのだ。

PK能力

霊能力は霊体の感覚を使うことができる能力なのである。霊能力にはこの五感に当たる能力の他に、物の状態、物の運動に変化を与える能力も含まれている。この力はPK能力（サイコキネシス）と呼ばれている。つまり物理的な力を加えなくても思うだけで物が動かせるのである。これは霊の心のエネルギーを使っているからだ。このエネルギーはサイエネルギーと呼ばれており、霊能者が霊能力を使って気と呼ばれている微細なエネルギーを転換することで生まれると考えられている。この転換は霊能者でなくてはできない。

サイエネルギーが働くようになると、スプーン曲げのように、思っただけでこの世の物を動かせるようになる。砂澤の周りではよく物が動いたが、私の見聞では、砂澤にはこの力があったと思われるし、砂澤に憑《つ》いていた神様もこの力を使っていたと思われる。

サイエネルギーが使えるようになると、病気を治すこともできるようになる。病気は肉体という物質の変調であるから、物質を変える力があれば病気は治せるからだ。また、砂澤は思ったことが実現すると言っていたが、これもサイエネルギーの働きである。

なお、肉体に重なった霊体は常に活動しているのだが、肉体に付随した意識の影に隠れているために、普通の人はほとんどそれを意識することができない。それが分かるのは霊能者だけである。

霊能者は肉体に付随して働いている意識や感覚をなくすことができるので、霊体に属する心や感覚が分かるのである。したがって、他の人の霊体の心や感覚も霊界を通じて分かるし、霊界の霊の言っていることも分かるのである。

では、霊感で分かったことがなぜ肉体に付随する心でも分かるのだろうか。それは肉体と霊体が密接につながっているからだ。それらの心と体をつないでいるのが気というエネルギーだとされている。霊感で分かったことが肉体と連動する心でも分かることは砂澤を見れば明らかである。砂澤にそれが分からなくなったのは、認知症による脳の機能低下と気のエネルギーの摂取量の低下のためではなかろうか。

なお、霊界について付け加えておくと、霊界に色、形、臭い、味覚、触覚があることは、砂澤の霊能力が証明している通りである。

ここでは私が見聞した不思議な霊能力の事例をひとつひとつ説明していく余裕はないが、以上の基本的な理解を使えば解けていくはずである。

霊能力の開発

では、霊能力は開発できるのだろうか？　行《ぎょう》をすれば可能である。行をすると霊体のチャクラが活性化され、霊能力が目覚め開発されるからである。行には様々なやり方があるが、砂澤が行っていたことはその一例である。

砂澤の行った行は非常に過酷で激しいものだった。これは稲荷のオダイの行の特徴である。しかしそれほどまでの激しい行をしなくても、やりようによってはある程度の霊能力は開発できるようだ。

行をする場合、注意しなければならないのは、どの行をするにしても、長い時間が必要であり、常に死の危険性が伴っていることだ。生半可なことではできない。したがって、砂澤のように神様が指導してくれれば別だが、しかるべき指導者についたほうがいいだろう。

行の目的は霊体のチャクラの活性化である。そのためには、肉体の感覚と肉体に付随する欲をなくし、心の働きを止めなければならない。これによって、霊感が働くようになる。

また無になることで、叡智《えいち》が生まれてくる。いや叡智が空白になった心の中に入ってくるというべきか。叡智とは人智ではなく、大いなる知恵のことで、神様の知恵と言ってもいいだろう。叡智が得られれば、人智では分からないことが分かってくる。砂澤が神様が言われることはいつも正しいと言っていたのはそのためだ。

霊能者とは霊能力を使って私が見聞したようなことができる人なのである。ただ、これが本当にできる人はごく少数である。霊能者も能力が低いと霊視も満足にできない人がいるからだ。

私は霊能力も超能力も人間の持ちうる能力のひとつだと砂澤を見ていて思うようになった。

稲荷信仰は霊能力を前提にしないと解けない宗教なのである。

あとがき

二〇一四年の夏、伏見稲荷大社に行くと、昨年度、日本で一番多く外国人観光客が訪れた名所と書かれた幟《のぼり》が数多く立っていた。それが二〇一六年には三年連続となっていた。

そういえば近年やたらと外国人を見かけるようになった。私が砂澤に会っていた頃はほとんど外国人を見かけなかったので、大した変わりようである。

外国の人たちはこの神社の一体どこが珍しいのだろうか？　林立する朱塗りの鳥居なのだろうか？　神社のたたずまいなのだろうか？　それとも神道という日本固有の宗教とその習俗なのだろうか？　狐の像なのだろうか？

ある京都在住のインテリ外国人は、狐には何の意味があるのかと私の知人に質問した。もちろん知人が答えられるはずがなかった。

この例で明らかなように、外国の人たちは稲荷信仰についておそらく何も知らないのではなかろうか。しかし、それは正月に初詣に山のごとく押し寄せる日本人とて同じではなかろうか。

私もつい最近まではそのひとりだった。お稲荷さんの小祠は子供の頃からよく見かけたなじみ深いものだったが、どうして狐の像が社前に建っているのか不思議に思いはしたものの、深く考えたことはなかった。そもそも宗教など何の関心もなかったからである。

そのために、もし砂澤という稀有な霊能者に出会わなければ、私は一生稲荷信仰に興味を抱くこともなく終わってしまったことだろうし、日本の神観念と宗教について考えることも、霊能力について関心を持つこともなく終わってしまったことだろう。

砂澤の言動はひとつひとつが面白かったし、砂澤の周りでは常に変なことが起こった。それを見聞することは実に驚きだった。私はこの体験を伝えてみたいと思うようになった。

砂澤のような体質と能力を持った女性は、古代では巫女《みこ》と呼ばれ、祭りごとを取り仕切っていたと思われる。卑弥呼《ひみこ》などもこういうタイプだったのではなかろうか。

しかし八世紀の初めに神社制度が整備されてから、神社の祭祀と管理は男性の独占となり、巫女たちは神社祭祀から閉め出されてしまった。霊能力のある巫女は民間に流れ、祈禱師として活動したが、そうした仕事は神職とは関係のないものとして神社制度から排除された。しかし巫女たちは生き続けた。砂澤のような女性はその末裔に違いない。

稲荷信仰は砂澤のような女性たちが奇蹟を見せて信者を集めることに貢献し、民間に広く浸透していったに違いない。また途切れることなくこのようなタイプの女性が現れたことだろう。それが稲荷信仰の持続を支えてきたのである。

霊能者は、霊力を得て、それを強くし保つために行をする必要があった。山は行場として最適だった。修験道《しゅげんどう》はそのために発達した。しかし神社制度の確立と並行して成立した修験道もやはり男性行者の独占するところとなり、高い山から女性行者は閉め出されてしまった。そのために女性の行者は低い山や山林で行をするようになった。

稲荷山は低い山で、古来、神南備《かむなび》、霊山とされてきた。昔から東寺関係の行者や山岳修験者が入り込んで行をしていたが、女性の行者も受け入れていた。そのために稲荷の女性信者が数多く入り込んで行をしていた。

砂澤が激しい荒行に明け暮れていた若い頃には、たくさんの行者が稲荷山で行をしていたという。しかし近年は近代化と生活の変化に伴って行者の数は減少している。砂澤が行ってきた激しい荒行は、暖衣飽食で育った今の若い人にはできないだろう。

砂澤はよく「お山のできる人がいなくなった」と言っていた。これは神様の指示を直接受けることができる人がいなくなったという意味であるとともに、荒行ができる人がいなくなったという意味だろう。

砂澤は行のできる、つまりお山のできる最後のオダイだったのかもしれない。世の中は戦後、農業主体の社会から大きく変化した。日本は有史以来、初めて豊かな社会に突入した。だがそのために古代以来、連綿と続いてきたシャーマニズムの文化と伝統は消え去ろうとしている。

私は砂澤に古代から続いてきた庶民信仰が保存されているのを見た。その言動を伝えることは日本人の宗教を考えるうえで貴重だと思った。本書によって、宗教は決して金儲けではなく、本来は人助けであり、それは霊能力がなければできないことがお分かりいただけただろう。

私は砂澤の中に今では失われてしまった古きよき日本人の素朴な信仰心と無私の心、そして自然に対する畏敬が残されているのを感じた。私はそのことを伝えたいと思った。

また、稲荷信仰については数多くの研究がなされているが、オダイについて書かれたものはほとんどないので参考になればと思った。

私は砂澤に本を書けと言われ、気がつくとここまで来ていた。砂澤は私に託して稲荷信仰の本当の意味を少しでも残しておきたかったのではなかろうか。

なお、本書はフィクションではないが、作中に登場していただいた方のプライバシーを尊重するために、私と砂澤と数名以外の名前は仮名とし、人間関係も多少変更したことをお断りしておく。

末尾ながら、本書の出版を快諾され、数々の貴重な助言をいただいた洋泉社の藤原清貴氏と、編集実務の労をとってくださった喜名景一朗氏に深く感謝いたします。

二〇一六年十一月

内藤憲吾

＊本書所収の写真のうち、一九五ページと二一三ページの写真は撮影者不明。その他の本文中の写真はすべて著者撮影。

本書は二〇一七年に洋泉社から刊行された単行本『お稲荷さんと霊能者――伏見稲荷の謎を解く』を文庫化したものである。
文庫化にあたり、本文の一部を訂正・削除した。

地図作製　テイクスリー　河内俊之

お稲荷《いなり》さんと霊能者《れいのうしゃ》

二〇二一年 九 月一〇日 初版印刷
二〇二一年 九 月二〇日 初版発行

著　者　内藤憲吾《ないとうけんご》
発行者　小野寺優
発行所　株式会社河出書房新社
〒一五一―〇〇五一
東京都渋谷区千駄ヶ谷二―三二―二
電話〇三―三四〇四―八六一一（編集）
〇三―三四〇四―一二〇一（営業）
https://www.kawade.co.jp/

ロゴ・表紙デザイン　粟津潔
本文フォーマット　佐々木暁
印刷・製本　中央精版印刷株式会社

Printed in Japan ISBN978-4-309-41840-7

辺境を歩いた人々

宮本常一　41619-9

江戸後期から戦前まで、辺境を民俗調査した、民俗学の先駆者とも言える四人の先達の仕事と生涯。千島、蝦夷地から沖縄、先島諸島まで。近藤富蔵、菅江真澄、松浦武四郎、笹森儀助。

被差別部落とは何か

喜田貞吉　41685-4

民俗学・被差別部落研究の泰斗がまとめた『民族と歴史』２巻１号の「特殊部落研究号」の、新字新仮名による完全復刻の文庫化。部落史研究に欠かせない記念碑的著作。

日本人の死生観

吉野裕子　41358-7

古代日本人は木や山を蛇に見立てて神とした。生誕は蛇から人への変身であり、死は人から蛇への変身であった……神道の底流をなす蛇信仰の核心に迫り、日本の神イメージを一変させる吉野民俗学の代表作！

隠された神々

吉野裕子　41330-3

古代、太陽の運行に基き神を東西軸においた日本の信仰。だが白鳳期、星の信仰である中国の陰陽五行の影響により、日本の神々は突如、南北軸へ移行する……吉野民俗学の最良の入門書。

ツクヨミ　秘された神

戸矢学　41317-4

アマテラス、スサノヲと並ぶ三貴神のひとり月読尊。だが記紀の記述は極端に少ない。その理由は何か。古代史上の謎の神の秘密に、三種の神器、天武、桓武、陰陽道の観点から初めて迫る。

知っておきたい日本の神様

武光誠　41775-2

全国で約12万社ある神社とその神様。「天照大神や大国主命が各地でまつられるわけは？」などの素朴な疑問から、それぞれの成り立ち、系譜、ご利益、そして「神道とは何か」がよくわかる書。

三種の神器

戸矢学　41499-7

天皇とは何か、神器はなぜ天皇に祟ったのか。天皇を天皇たらしめる祭祀の基本・三種の神器の歴史と実際を掘り下げ、日本の国と民族の根源を解き明かす。

日本書紀が抹殺した　古代史謎の真相

関裕二　41771-4

日本書紀は矛盾だらけといわれている。それは、ヤマト建国の真相を隠すために歴史を改竄したからだ。書記の不可解なポイントを30挙げ、その謎を解くことでヤマト建国の歴史と天皇の正体を解き明かす。

ニギハヤヒと『先代旧事本紀』

戸矢学　41739-4

初代天皇・神武に譲位した先代天皇・ニギハヤヒ。記紀はなぜ建国神話を完成させながら、わざわざこの存在を残したのか。再評価著しい『旧事記』に拠りながら物部氏の誕生を考察。単行本の文庫化。

応神天皇の正体

関裕二　41507-9

古代史の謎を解き明かすには、応神天皇の秘密を解かねばならない。日本各地で八幡神として祀られる応神が、どういう存在であったかを解き明かす、渾身の本格論考。

日本の偽書

藤原明　41684-7

超国家主義と関わる『上記』『竹内文献』、東北幻想が生んだ『東日流外三郡誌』『秀真伝』。いまだ古代史への妄想をかき立てて止まない偽書の、荒唐無稽に留まらない魅力と謎に迫る。

日本の聖と賤　中世篇

野間宏／沖浦和光　41420-1

古代から中世に到る賤民の歴史を跡づけ、日本文化の地下伏流をなす被差別民の実像と文化の意味を、聖なるイメージ、天皇制との関わりの中で語りあう、両先達ならではの書。

実話怪談　でる場所

川奈まり子　41697-7

著者初めての実話怪談集の文庫化。実際に遭遇した場所も記述。個人の体験や、仕事仲間との体験など。分身もの、事故物件ものも充実。書くべくして書かれた全編恐怖の28話。

カルト脱出記

佐藤典雅　41504-8

東京ガールズコレクションの仕掛け人としても知られる著者は、ロス、NY、ハワイ、東京と九歳から三十五歳までエホバの証人として教団活動していた。信者の日常、自らと家族の脱会を描く。待望の文庫化。

日航123便　墜落の新事実

青山透子　41750-9

墜落現場の特定と救助はなぜ遅れたのか。目撃された戦闘機の追尾と赤い物体。仲間を失った元客室乗務員が執念で解き明かす渾身のノンフィクション。ベストセラー、待望の文庫化。事故ではなく事件なのか？

怪異な話

志村有弘〔編〕　41342-6

「宿直草」「奇談雑史」「桃山人夜話」など、江戸期の珍しい文献から、怪談、奇談、不思議譚を収集、現代語に訳してお届けする。掛け値なしの、こわいはなし集。

見た人の怪談集

岡本綺堂 他　41450-8

もっとも怖い話を収集。綺堂「停車場の少女」、八雲「日本海に沿うて」、橘外男「蒲団」、池田彌三郎「異説田中河内介」など全十五話。

江戸の都市伝説　怪談奇談集

志村有弘〔編〕　41015-9

あ、あのこわい話はこれだったのか、という発見に満ちた、江戸の不思議な都市伝説を収集した決定版。ハーンの題材になった「茶碗の中の顔」、各地に分布する飴買い女の幽霊、「池袋の女」など。

著訳者名の後の数字はISBNコードです。頭に「978-4-309」を付け、お近くの書店にてご注文下さい。